4·16구술증언록 단원고 2학년 3반 제10권

그날을 말하다

예은 엄마 박은희

이 도서의 국립중앙도서관 출판예정도서목록(CIP)은 서지정보유통지원시스템 홈페이지(http://seoji.nl.go.kr)와
국가자료공동목록시스템(http://www.nl.go.kr/kolisnet)에서 이용하실 수 있습니다.
CIP제어번호: CIP2019008307

4·16구술증언록 단원고 2학년 3반 제10권

그날을 말하다

예은 엄마 박은희

4·16기억저장소 기획 편집
(사) 4·16세월호참사가족협의회 지원 협조

책머리에

　4·16기억저장소에서는 세월호 참사 5주기를 맞아 구술증언 수
집 사업의 결과물 일부를 100권의 책으로 발간하게 되었습니다.
이 사업은 2015년 6월부터 다양한 학문 분야 구술 연구자들의 자
발적인 참여로 진행되어 왔으며, 세월호 참사를 좀 더 정확하고 다
각적으로 기록하고 기억하고자 하는 노력의 일환으로 수행되었습
니다.

　2014년 참사 발생 이후, 참사 피해자들의 목격담과 경험은 안타
깝게도 공식적인 국가기관과 언론의 기록 속에서 철저히 소외되거
나 왜곡되었습니다. 그것은 세월호 참사가 우리에게 안긴 죽음과
고통의 충격만큼이나 우리 사회의 끔찍한 비극이었습니다. 따라서
사업을 진행하면서 세월호 참사 희생자 가족, 생존자, 생존자 가족,
어민, 잠수사, 활동가, 기자 등등, 참사의 초기 과정을 직접 경험한
분들의 증언을 우선적으로 수집했습니다. 구술자는 이 사업의 취

지와 방식에 개인적으로 동의한 분 중에서 선정했으며, 참여 과정에 어떠한 금전적 보상이나 이익이 제공되지 않았습니다. 또한 구술증언 수집 사업을 진행하는 동안, 면담자는 연구자이자 참사를 겪은 공동체 시민으로서 최대한 윤리적이고자 노력했습니다.

구술자마다 매회 약 2시간씩 3회를 원칙으로 음성 녹취와 영상 촬영을 하는 방식으로 진행되었고, 증언의 일관성을 확보하기 위해 면담자는 큰 틀에서 공통 질문지를 사용했습니다. 공통 질문지의 내용은 참사와 구술자 간의 관계성에 따라 차이가 있지만, 유가족 구술의 경우 1회차 '참사 이전의 삶, 팽목항과 진도에서의 경험, 자녀에 대한 기억'을, 2회차 '참사 이후 투쟁과 공동체 활동 경험'을, 3회차 '참사 이후 개인 및 가족이 경험한 삶의 변화와 깨달음, 자녀의 현재적 의미'를 중심으로 했습니다. 이처럼 증언 내용은 참사 이전에서 시작해 참사 발생 당시의 경험과 이후의 변화 과정까지 폭넓게 수집했고, 면담자는 구술 채록 과정에서 구술자의 발화를 최대한 존중하고자 했으며, 무엇보다 각자의 특수한 경험과 다른 시각을 충실히 반영하고자 했습니다.

이 구술증언록의 발간을 위해, 채록된 음성 자료는 문서로 변환해 구술자와 함께 검토했고, 현재 시점에서 공개할 수 있는 영역과 할 수 없는 영역으로 구별했습니다. 따라서 책에 실린 내용은 모두 구술자로부터 공개를 허락받은 부분입니다. 비공개 영역은 추후 구술자의 동의를 받아 적절한 절차를 거쳐 추가로 공개될 수 있으리라 생각합니다.

이 구술증언록 100권에는 그동안 우리 사회에 왜곡되어 알려지거나 잘 알려지지 않았던, 참사 발생 직후 팽목항과 진도 혹은 바다에서의 초기 상황에 관한 중요한 증언이 포함되어 있습니다. 또한, 자녀를 잃는 잔인하고 애통한 상황을 겪으면서도 그 누구보다 강인한 정치적 주체로 성장할 수밖에 없었던 유가족의 마음과 경험을 구체적으로, 그리고 여러 각도에서 살펴볼 수 있습니다. 그 외에도, 이 구술증언록은 2014년을 전후한 한국 사회의 여러 측면을 드러내는 귀중한 자료가 되리라고 생각합니다. 무엇보다 국내외의 많은 분이 이 책을 읽어, 장차 세월호 참사의 진상 규명과 역사 서술에 기여할 수 있기를 바랍니다.

구술증언 수집 사업이 진행되고, 책으로 출간되기까지 많은 분의 도움과 지지가 있었습니다. 이 지면을 빌려 부족하나마 감사의 말씀을 전하고자 합니다.

먼저 (사)4·16세월호참사가족협의회와 4·16기억저장소에 감사를 드립니다. 이분들의 신뢰와 적극적인 협조가 없었다면, 이 사업은 처음부터 시작할 수조차 없었을 것입니다. 또한 어려운 정치 환경 속에서도 사업의 취지에 공감해 재정 지원을 결정해 준 아름다운가게와 역사문제연구소에 감사드립니다. 두 단체 덕분에, 이 사업을 4년 동안 계속해 올 수 있었습니다. 그리고 구술증언록 100권의 발간에 동의하고, 바쁜 일정에도 출판 실무를 기꺼이 맡아주신 한울엠플러스(주)에도 감사를 드립니다. 이 외에도 많은 개인과 단체가 직간접적으로 많은 도움을 주시고 격려해 주셨습니다. 여기에 모두 밝히지 못하는 것을 죄송하게 생각합니다.

　말할 필요도 없이, 가장 크고 또 가슴 아픈 감사는 구술자 한 분한 분께 드리고자 합니다. 이 책이 발간될 수 있었던 것은, 무엇보다 용기를 내어 아픔과 고통의 기억을 다시 떠올리고 장시간 진심으로 이야기를 해주신 구술자가 있었기 때문입니다. 오랜 시간 이야기를 나누며 함께 공감하기도 했지만, 그 아픔과 고통을 어떻게 가늠할 수 있을까 싶습니다. 더 큰 도움이 되지 못함을 안타까워하며, 이 구술증언록 100권의 발간이 피해자분들에게 조금이라도 위로가 될 수 있기를 기원합니다.

2019년 4월

4·16기억저장소 구술팀 책임자
서울대학교 인류학과 교수 이현정

차례

■ 4회차 ■

예은 엄마 박은희

구술자 박은희는 단원고 2학년 3반 고 유예은의 엄마다. 네 자매 중 둘째로 태어나 가수를 꿈꾸며 하루하루 열심히 살았던 예은이는 집안에 언제나 활기를 불어넣는 존재였다. 예은 이를 보내고 엄마는 분향소에서 뜻있는 기독교인들과 함께 목요기도회를 시작으로, 개신 교 공동체와 안산 지역 사회 곳곳에 참사의 진실을 알리고자 분주히 활동해 왔다.

박은희의 구술 면담은 2016년 3월 11일, 17일, 22일, 그리고 2019년 1월 30일, 4회에 걸쳐 총 5시간 30분 동안 진행되었다. 면담자는 김향수·김익한, 촬영자는 김솔·박서진이었다.

구술자 본인의 프라이버시나 제3자의 프라이버시를 보호해야 할 부분을 제외하고는 구술 자의 발화를 있는 그대로 전사했다.

1회차

2016년 3월 11일

1
시작 인사말

면담자   본 구술증언은 4·16 사건에 대한 참여자들의 경험과 기억을 기록으로 남김으로써 이후 진상 규명 및 역사 기술에 기여하고자 합니다. 지금부터 박은희 씨의 증언을 시작하겠습니다. 오늘은 2016년 3월 11일이며, 장소는 안산시 단원구 세승빌라입니다. 면담자는 김향수이며, 촬영자는 김솔입니다.

2
참여 동기

면담자   구술 사업 참여하게 된 동기가 있으신가요?

예은 엄마   기록을 남긴다는 것은 중요하니까. 또 모든 사람들이 다 기억이 완벽하지 않지만, 가족들 같은 경우는 더 심한 것 같아요. 너무 큰 충격을 받아서 그런 건지. 원래 제가 암기에 약한데 자꾸 기억이 잊혀지니까. 정말 꼭 기억해야 될 것들을 잊어버리면 어떡하나 두려움도 있어서 참여하게 됐어요.

면담자   이후 구술증언이 어떤 목적으로 사용됐으면 좋으시겠습니까?

예은 엄마   어, 그러게요. 언젠가는 세월호 참사에 대해서 좀 더 투명하게 사람들이 들여다볼 수 있는 기회가 생긴다면, 그리고 이거를 하나의 이슈나 정치적 문제로서가 아니라, 한 인간의 문제로서… 또 누구나 한 번쯤은 맞닥뜨려야 할 현장 안의 그대로, 그리고 또, 한 사람이 얼마나 힘없이, 아니 힘없는 한 사람이 얼마나 큰 거대 권력과 처절한 싸움을 싸웠는가(웃음), 그리고 그 싸움을 통해서 무엇을 잃었고 무엇을 얻었는가 그것을 남기고 싶어요.

3
안산 정착 전, 목회 활동

면담자　　오늘은 4·16 이전의 삶에 대해서 이야기를 할 건데요. 안산에는 언제부터 사시게 되었는지요?

예은 엄마　　저는 2004년 12월 30일, 12월 눈이 엄청 왔을 때 안산에 이사를 왔어요. 그 전에는 부천에 살았구요, 부천에서 남편과 목회를 했죠. 남편이 먼저 목회를 하다가 목회를 그만뒀어요. 그때는 이해가 안 됐는데, 어떻게 그 일을 그만둘 수 있지? 저는 굉장히 보수적이고 신앙적인 면에 있어서 되게 고지식한 사람이라, 뭔가 이렇게 종교를 떠난다는 것, 특히 목회자가 목회의 길을 가다가 그만둔다는 건 저는 상상도 못 해봤어요. 상상도 못 했고, 또 어머님 아버님도 두 분 다 장로님이시고, 저희 집도 두 분 다 권사님이셔서, 워낙 독실한 크리스천 가정이라…. 교회를 다니다 안 다녀도

청천병력 같은 건데, 목회를 하다가 접는 거에 대한 놀라움이 저에게 너무나 컸죠, 그 당시에는.

지금은 '그럴 수 있겠구나', '자신에게 솔직했다', '그냥 잘했다' 그렇게 이야기하고 싶어요. 그때는 굉장히 힘들었죠, 부끄럽기도 했고. 그 일로 해서 어머님 아버님과 1년 이상을 서로 왕래를 안 했으니까. 심지어 막내가 태어나고 돌잔치를 하는데도 안 오셨어요. 그 정도로 저희 가정에게는 굉장히 큰 충격이었는데, 남편이 목회를 그만두고 저도 신학을 하고 있었을 때라 제가 대신 담임 목회를 했고, 인제 목사 안수를 받기 1년 전이었는데, 제가 정신적으로 육체적으로 완전히 그, 번아웃된 거죠.

교회 일도 해야 되고, 네 아이의 육아도 책임져야 하고, 또 저희 교회가 개척교회이다 보니까, 환경이 어려운 애들이 좀 많이 찾아 왔어요. 미혼모 아이들부터 시작해서, 가출 청소년, 본드 흡입하는 애들, 그리고 부모들, 부모가 다 집 밖을 나가 있어서 아이들끼리 있는 가정. 그래서 그 아이들을 같이 챙기고 건사하고 그러는 일이, 물론 굉장히 의미 있고, 지금 저한테 생각하면 좋은 시간이었지만, 그 당시 너무 힘들더라구요. 남편이 목회를 그만뒀지. 아이들은 가장 저의 손을 많이 필요했던 시간이고, 그때가 3살, 5살, 7살, 8살 애들 막 올라가고. 아이들 넷 키우면서 교회 아이들 오면, 밥 다 해주고, 재우고, 때로는 무슨 일 생기면 쫓아다니고 하는 게 너무 버겁더라구요. 1년을 더 버티고 안수를 받을까 생각을 했는데 그러다 간 제가 죽을 것 같더라구요. 너무 힘들어 가지고, 저는 인생에 있어서 그것만큼 힘든 일은 안 오겠지 생각했어요.

그래서 그때 부모님께 말씀을 드리고, 이만저만해서 제가 목회를 잠깐 접고 전라도 쪽으로, 남쪽으로 좀 내려가고 싶다. 제가 있었던 데가 부천이라, 거기는 도심이라 좀 너무 각박하더라구. 자려고 누우면 노래방 소리에, 술집 소리에, 차 소리에. 저는 어렸을 때부터 굉장히 시골에 대한 로망이 있었기 때문에 더 괴로웠어요. 아이들에게 미안하고. 그래서 인제 시골로 이사 가겠노라고 말씀을 드렸는데, 그때서 아버님께서 "그러면 회사로 들어와라". 애 아빠보고 "아이들을 굶길 수 없다, 내 손주인데" [하시면서] 그때 마음을 푸시고, 그때부터 다시 왕래도 하고. 그리고 저희가 아버님 회사가 있는 이곳으로 이사를 오게 된 거죠.

아버님은 원래 안산에 사셨어요, 두 분이. 선부동, 지금 저희가 살고 있는 아파트를 처음 지었을 때 입주해서 사시다가 서울로 이사 가신 거였거든요. 저는 그 집이 팔렸는 줄 알았는데 전세였더라구요. 그래서 [아버님께서] "그 집 아직 안 팔고 있으니 들어가서 살아라" 그래서, 그때 이사 오게 된 거죠. 이사 오면서 남편은 목회를 그만두고 쉬고 있다가 아버님 회사로 들어가서 일을 하게 된 거고. 저는 이사 와서 여기 인제 아는 목사님이 가까운 곳에 목회하고 계셔서, 지금 등록한 화정교회[에] 등록을 하게 되고 등록을 하자마자 전도사로 다시 일을 시작하게 된 거죠.

면담자　　　　목회자가 되어야겠다는 것이 사실은 쉬운 꿈은 아니잖아요. 그런 결정을 하게 된 배경이 있으신지요?

예은 엄마   글쎄요. 저는 사실은 목회자가 되고픈 꿈보다는 징검다리였어요, 목회자가. 제가 어렸을 때부터 꿈이 세 가지가 있었는데 하나는 과학자, 하나는 화가, 또 하나가 사회사업가였어요. 지금으로 이야기하면 복지사? 세 가지가 있었는데, 늘 마음속에, 어렸을 때 읽었던 슈바이처 박사를 제가 너무 감명 깊게 읽어가지고, 내가 과학과 관련해서 공부하고 싶으면 공부하고, 어느 순간에는 한 30대가 되면은 '누군가를 위해서 헌신하는 삶을 살아야겠다', 그게 복지사가 되건 목회자가 되건 그건 모르겠는데, '누군가를 위한 삶을 살아야겠다' 그리고 제가 신체적으로 여력이 다할 쯤에는 '그림 그렸으면 좋겠다' 그런 마음이 있었는데.

그래서 제가 대학교를 생물학[과]을 나왔어요. 생물학 전공하고, 졸업하고 나서 연구소에서 일했는데 너무 연구소 삶이 삭막하더라구요, 늘 데이터와 싸움이고. 뭔가 사람들과 만나서 뭔가를 하고 그런 것, 재미들이 없잖아요. '난 여기가 맞지 않는구나' 그런 생각이 들어서, 그리고 인제 3년을 다니고. 그리고 나서 28살인가, 그때 연구소를 나와서, 처음은 사회복지학을 전공을 할까 생각을 했는데, 교회 목사님과 상담하는 중에 목사님이 조언을 해주셨죠. "자매는 신학이 더 어울릴 것 같으니까 신학을 한번 해보고 나서 그때 결정을 하는 게 낫지 않겠냐".

지금은 사회복지학이, 지금은 우리나라가 사회복지 쪽이 많이 활발해졌는데 그 당시에는 황무지였거든요. "교회 안에서 사회복지 운동을 하면 나은데, 교회 밖에서는 너무 힘들다. 차라리 목회

과정을 하고 교회 안에서 사회복지 전담 목회자가 되면 어떻겠냐"
[고 하시기에] 제가 신학적으로도 좀 배우고 싶은 마음이 있기 때문
에 좋게 생각했어요.

　　근데 거기까지만 이야기를 하고 방법에 대해서는 목사님과 의
견을 못 나눈 거예요. 신학에 대한 두려움[이] 너무나 대단한 거잖
아요. 저는 이공대생이었기 때문에 문과 과목은 일종의 그 뭐라고
할까, 굉장히 고고하고 어렵게 느껴졌기 때문에 학부 편입을 제가
생각을 했죠. 이렇게 학교 점수를 따져보니까 제가 다녔던 학교에
비해 커트라인이 낮더라구요, 거기 학부가. 학부 편입은 '이건 껌이
겠다' 별생각 없이 시험을 봤는데 안 된 거예요. '이건 뭐지?' 방황
을 했는데 목사님이 "그냥 신학대학원 바로 들어가면 되는데 굳이
왜 학부를 시험을 봤냐" 하더라구요. 신학대학원 시험을 봐서 합격
을 하게 된 거죠.

　　신학대학원[에서] 신학을 배우면서 좋았어요. 그 감리교 신학대
학원을 갔는데, 성서신학도 좋았고 조직신학이나 윤리신학[을 배우
면서] 세상을 보는 패러다임이 바뀌었다고 할까? 제가 이 정도로 봤
다면 시야가 확 넓어지는 느낌? 뭔가 동네 뒷동산에 올라가 놀다
가, 조금 높은 산에 올라가 세상을 바라보는 전체적인 것을 조망할
수 있는 그런 시야가 트인 것 같고, 내가 만났던 하나님에 대해서
더 분명하게 알아가는 시간이었죠. 그래서 좋았어요. 그래서 거기
들어가서 신학을 공부하게 된 거죠(웃음).

4

안산 정착 후, 전도사로 삶

면담자   안산에 오시고 나서 사회활동, 전도사로 일하셨다고 하셨는데, 아이를 키우며 같이 하기 힘드시지 않으셨는지요?

예은 엄마   아까 이야기했듯이 저는 시골생활에 대한 로망이 있었는데, 딱 왔는데 교회를 알아보다 보니까 화정교회가 이렇게 논 한가운데 있어요. 교회가 논 한가운데 있었고, 그래서 위치도 좋았고, 집에서 차편은 안 좋았지만 거리가 멀지도 않고. 그리고 목사님이, 제가 진급시험을, 목회자가 되기 위해 시험을 1년에 한 번씩 보거든요. 시험 감독에[을] 왔을 때 목사님이 제가 쓴 답안을 보고 굉장히 좋게 보셔 가지고, 그때 한 번 서로 인사하고 "어디에 있는 전도사냐?", "나는 어디 있는 목사다" 서로 이렇게 통성명을 한 기억이 있는데, 그 목사님이 계신 거예요. 그래 가지고 거기서 등록을 하게 된 거죠.

처음엔 쉬고 싶었어요. 7년 부천에 있어서 너무 힘들었기 때문에 쉬고 싶었는데, 오자마자 목사님께서 왔으니까 신학도 공부했는데, 그냥 있으면 안 된다 해가지고, 교육 전도사라고, 어린아이부터 중고등학생, 대학생까지 다 지도하게 됐죠. 하면서 목사님이 미션을 하나 줬는데 "도서관을 하나 준비해 줬으면 좋겠다". 마을이 시골이라 외지고 문화적 혜택이 없었는데, 목사님이 어렸을 때 아쉬운 거 중 하나가 "어렸을 때 마음껏 책 읽지 못한 게 그게 아쉬움으로 남는다"[고], 시골에 살았기 때문에 그랬다는 게. 그래서 "이 지역 아이들만큼이라도, 이 지역 주민들이라도 책을 읽는 사람으로 만들었으면 좋겠다"[고 하시더라고요].

그래서 오자마자 도서관을 준비했죠. 파주, 뭐 고양, 이런 데 가서 벤치마킹도 하고 용인에 가서 '느티나무도서관' 가서 거기도 둘러보고 오고 해서, 준비를 해서, 2004년도 이사 와서 2005년도에 도서관을 조그맣게 준비를 시작해서 막 지역에서 엄마들하고 같이 아이들을 위한 공동육아까지는 아닌데, 같이 매주 하는 책놀이라든지, 방학 때 문학기행, 나중에는 생태체험놀이까지 진행을 한 거죠. 그러다가 그 지역 사람들의 인원만으로는 뭔가 프로그램을 돌리기 쉽지 않더라구요, 너무 적어서.

그리고 외부에 이렇게 보석같이 정말 훌륭한 동네가 있다는 걸 알리고 싶은 마음도 있고 해서, 온라인상으로 해서 신청을 받아서 5월 1일 생태체험 프로그램이 굉장히 소문이 났죠. 그 당시만 해도 생태체험 프로그램이 별로 없을 때여서, 지금은 뭐 널렸죠. 그래서 그때 달마다 책 읽고, 논밭 뛰어다니고 버들피리 만들기라든지 아니면 고구마 캐기, 아니면 감자 심기, 김장하기, 강정 만들기, 전래놀이랑 혼합시켜서 그런 프로그램을 해서 알려지게 된 거죠.

도서관이 알려지게 되면서 프로그램만 알려진 게 아니고, 도서관이 알려지면서 지역에 있는 작은도서관들이 연대의 손길을 뻗친 거죠, 같이하자. [그래서] 작은 도서관들하고 협업을 하게 되었고, 지금의 작은도서관협의회까지…. 재미있었어요. 동네 아이들이 별로 없었고 그 아이들 부모들은 이사 나가려 했었는데, 그 일 때문에 눌러앉았죠. 부모들이 이사 안 나가고, 외부에서 너무 좋아서 이사 들어온 가정도 있고, 어느 정도 역할은 했는데….

나중에 그게 알려지면서 마을만들기 사업도 같이하자는 이야기가 와서, 또 마을 공원 만들기, 꽃 심기, 벽화 그리기, 여러 가지 것들을 했는데, 근데 마을만들기 사업도 하다 보니까 조금 한계가 있더라구요. 제가 그 지역 주민이 아니라, 뭘 해도 변수가 있는 거예요. 예를 들어서, 뭐 길에다 꽃을 심어도 이 지역 주민이 내가 돈이 궁해서 거기 땅을 팔게 되면 땅이 없어지는 거예요. 예쁘게 공원을 만들어놔도 그 바로 옆에 생뚱맞게 땅을 팔아가지고 이상한 창고 건물이라도 하나 세우면, 아무 소용이 없어지는 거예요. 그래 가지고 재미도 있었지만, 한계를 느껴서 마을만들기 사업은 이제 잠시 접었죠. 도서관 일에만 이제 매진했죠.

애들은 재미있었어요. 제가 애들 데리고 다니는 것 자체를 워낙 겁을 안 내서, 네 명 같이 택시를 타든, 버스를 타든, 태우고 들어와서 저는 도서관 일을 하거나 교회 일을 하고, 애들은 풀어놓으면 논밭으로 뛰어다녔으니까. 나물도 캐 오고 동네 토끼나 강아지 키우는 집도 많으니 가서 구경도 하고, 애들은 뭐 천국이지. 그렇게 놀았죠.

4·16 이전, 네 아이와 일상

면담자   네 명을 키우면 좀 힘들지 않으셨어요?

예은 엄마   저희는 애들이 순한 편이었어요. 큰애들 쌍둥이들만 좀 처음이라 힘들었지, 나머지 둘이 워낙 순해서. 별로 그렇게 다른 건 안 힘들었어요. 힘든 건 빨래? 빨래는 세탁기가 돌렸으니까 손빨래하는 거랑, 개키는 거, 너는 거, 그게 좀 힘들었지. 해 먹이는 거, 데리고 돌아다니는 건 제가 별로 겁 안 내서 그냥 막 끌고 돌아다녔어요. 유모차 하나만 어깨에 메고 네 명 데리고 공원 가고 서울도 가고 막 돌아다녔어요.

면담자   저도 언니네 애들이랑 같이 네 명을 데리고 다니면 "왜 이렇게 많이 낳았냐"고 해요.

예은 엄마   다 그 얘기를 하죠. "아들 볼라고 그랬구나" 하면 그냥 씩 웃고 말죠. 친한 사람 같으면, 제가 워낙 애들을 좋아해서 그런다고… 어렸을 때부터 애들을 좋아했어요. 학교 갔다 오면 동네 애들 모아놓고 학교놀이 하고, 애들을 워낙 좋아했어요.

면담자   아이들 키우면서 기억에 남는 일화가 있으신지요?

예은 엄마   많죠, 애들이야. 다 성향들이 다 틀려서 ○○이하고 예은이는 쌍둥인데도 둘이 성격이 틀려가지고 애들을 인솔해서 데리고 나가면 ○○이는 아주 어렸을 때부터 긴장을 해요, 동생들 어떻게 될까 봐. 예은이는 자유로운 영혼이라 나가면 사라져요(웃음). 다람쥐 쫓아서 가고, 새 쫓아서 가고 좀 그런 스타일이었고. 셋째는 워낙에 순둥이라, 순둥이고 이야기하는 걸 좋아해서, 맨날 골목에 나가서 지나가는 사람들 붙들고 같이 이야기 재미나게 하고 전철 타도 옆에 있는 할머니 할아버지랑 두런두런 그렇게 얘기하는 거 좋아하고. 넷째는 몰입을 잘하는 것 같아요. 걔는 책을 봐도 한번 꽂히면 몇 시간이고 그냥 앉아서 보는 걸 좋아하고, 가끔 실수도 하고 그럴 정도로 안 움직이고 집중하는 스타일이고….

근데 제가 아무래도 교회에서 목회를 하니까 아이들을 잘 못 챙겨줬어요. 놀리는 건 잘 놀렸어요. 교회 애들이 와서 섞여서 놀면, 오면은 놀아주는 건 제가 좋아해요. 여름엔 집에 비눗방울이 거의 안 떨어졌어요. 제가 직접 제조해서 통에다 만들어가지고, 여러 가지 도구를 이용해서 비눗방울 놀이도 하고. 한글 같은 것도 집에서 제가 그냥 교재를 만들어서 같이 가르치고. 그러면 동네 엄마들이 슬쩍 자기 애기들 끼워 넣고 그러면, 걔네들까지 같이 가르쳐주고. 저희가 상가에 교회가 있었는데 애들이 너무 흙을 만지고 싶은 거예요. 그래 가지고 공사장에 가가지고 모래를 퍼가지고 옥상에다가 크게 큰 다라이에다가 모래를 넣어주고, 거기서 애들을 막 놀게 해주고. 욕실 같은 데다가 벽면에다가 물감 풀어가지고 벽화 그리기 그런 거 하고 노는 건 잘했어요.

학교 끝나고 항상 애들을 데리러 가야 하는데, 교회 아이 중에 한 아이가 아파 가지고… 지금 생각하면 그냥 그래도 우리 애한테 먼저 갔어야 하는데 전 너무 어려서부터 그게 누군가를 도와줘야 된다는 그런 강박관념이 좀 있는 거 같아요. 그 아이 심방을 먼저 갔어요. 그사이 일이 벌어진 거죠. 맨날 데리러, 1학년 때였는데 그 날은 못 데리러 갔는데 아는 엄마가 전화가 와가지고, 그때 급하게 집으로 막 왔는데, 저기 멀리서 ○○이하고 예은이가 그날따라 하 얀색 원피스를 둘 다 입고 갔었거든. 예은이가 여기가 완전히 시뻘 겋게 돼서 왔더라구요. 학교 갔다 오는 길에 친구들이랑 장난하다 가 남자애가 때릴려니까 놀리고서는 도망가다 넘어졌는데, 그 주 차했던 트럭 모서리에 부딪쳤는지 어디다 부딪쳤는지 모르겠어요. 나중에 가봤는데 그 차가 없더라구요. 그래 가지고 눈 옆에가 찢어 진 거야. 피가 얼마나 많이 흘렸는지 그때는 정신이 없었지. 그래 서 애 아빠한테 전화해 가지고 겨우 데리고 병원에 갔는데, 소독을 하는데 여기 뼈가 다 보이더라구요, 너무 살이 많이 파져서. 여기 가 얇아요, 피부가. 근데 예은이가 시원하다고 웃더라구요(웃음). 아유, 지금 생각하면 무식했지. 그거를 왜 그렇게 했나 몰라. 그 자 리에서 꿰맸어요, 응급실에서. 그래서 흉이 너무 많이 졌어, 얘가. 볼 때마다 미안하지. 이번에 예은이 찾을 때도 애 아빠보고 흉터부 터 확인하라고, 흉터부터 확인하라고 그러니까 여기 흉 진 자리에 눈썹이 안 나거든요. 그래 가지고 그거 보고 금방 찾았지. 그런 적 이 있어요.

예은이가 유난히 많이 아팠어요. 태어날 때부터 패혈증도 있었 구, 목이 'ㄱ' 자로 꺾여 있었고, 뒤로 애가 이렇게. 그러니까 병원에서는 뭔가 이상이 있는 거다, 얘가. 그리고 큰애하고 체중 차이가 컸어요. 거의 1킬로그램 가까이 차이 나는데, 둘 다 2킬로그램 이상이라 인큐베이터에는 안 들어가지만, 이렇게 체중 차이가 크면 영양학적으로, 이렇게 얘가 뭔가 건강에 문제가 있기 때문에 차이가 난다고… 검사를 엄청 많이 했어요, 예은이는. 그래서 걔 때문에 일주일 병원에 묶여 있었어요. 나는 예은이만 병원에 있었다고 생각을 했는데 이번에 자료를 찾아보니 ○○이도 같이 있었더라고요. 아마 그때 둘 다 안 데려온 게, 예은이가 외로울까 봐 ○○이도 같이 놓고 온 거 같아요. 가보니까 검사를 너무 많이 하니까 여기서 피를 너무 많이 뽑다가, 발바닥 쪽에서 뽑다가 나중엔 목에서 뽑더라구요, 피를. 결국은 괜찮다 해서 데리고 나왔죠. 나왔는데 처음엔 먹으면 다 토하고, 그래서 '아 이러다 애가 죽으면 어떻게 하지' 너무 무섭더라구. 그런데 먹는 양은 적었는데 애가 커갈수록 더 단단하고 그리고 워낙에 몸을 움직이는 걸 좋아하더라구요. 그래서 건강하게 잘 커줘서, 금방 잘 커줬죠.

애 아빠가 부천에 있을 때는 제2의 사춘기라고 해야 하나… 자기가 앞으로 무엇을 해야 할지 고민하고 방황하던 시기였던 것 같아요, 지금 생각하면. 원래 목회에 꿈이 없었거든요. 정치외교학과 가고 싶었는데 부모님들이 떠밀어서 시작한 일이어서 억지로 그 일을 10년을 하다, 그때 중단 선언을 한 거였거든요. 그 후의 삶에 대해서 고민하던 시기라 애 아빠가 집에 없었을 때가 많았어요. 혼자서 네 명을 건사하는 게 힘들기는 했는데, 그때는 뭐 젊었으니다 했던 거 같애. 업고, 안고, 걸리고[걷게 하고]. 두 명 걸리고 그러고 다녔으니까. 그래도 뿌듯했던 시기예요.

아이 중에 미혼모 있으면, 걔랑 같이 병원도 가주고, 지방에 있는 미혼모 요양시설까지 데려다주고. 나중에 애기 낳으면 입양 기관 알아봐 주고, 잘된 경우에는 또 저기 친구 찾아서 알려 주기도 하고. 지금 생각하면 그때는 지금 생각하면 스스로 잘했다, 대견하다 생각했죠.

면담자   누군가를 위해 봉사하고 싶다는 마음이, 그렇게 착한 일을 하고 살아야 생각할 수는 있지만, 업으로 많은 시간을 투자하기 쉽지는 않잖아요.

예은 엄마   그건 타고나는 것 같아. 가끔은 내가 그런 게 싫을 때가 있는데 어쩔 수가 없어요. 몸이 그렇게 움직여, 알아서. 심지어는 참사 났을 때도 제가 얼마나 바보 같은 생각을 했냐면은, '우리 교인 자녀가 아니라 내 자녀여서 다행이다', 그 생각까지 했어. 나중에는 그런 생각을 했던 내 자신이 너무 무섭고, 참 무슨 교육을 받고 살았길래 나는 그런 생각을 했을까 싶더라구요. 근데 교회가 좀 그런 걸 강요하거든요. 교회 내부적으로 착하게 살 것에 대해서, 희생할 것에 대해서 강요하는데, 이제는 그렇게 설교를 못하죠. 그 전에는 그렇게 설교를 했지만 잘못된 거고, 하나님이 봤을 때 그건 원하는 게 아니라는 걸 알았으니까. 그렇게까지 나를 죽이려고 하고, 심지어 자식까지 그런 사지에서 그런 일을 당했는데… 그거를 다행이라고 생각하는 건; 그건 미친 거잖아요. 신학이, 우리나라 신학이라기보다, 교회가 좀 잘못된 거죠. 오늘 오전에도 예배가 있었는데, 교회 우리 속도원들한테 화목하기 위해 예수님이 오셨고, 우리도 화목하게 살아야 한다. 내가 예전 같으면 '착하게 사는 삶'이라 해석했지만 이제는 아니다, '화목이라는 거는 모두가 더불어서 다 같이 잘 살 수 있는 게 진짜 화목이다'라고, 이제 생각이 많이 바뀌었죠.

아무튼 우리 애들이랑 사는 건 재미있었어요, 주르륵 줄 세워서. 그리고 어렸을 때부터 꿈꿨던 생활이라, 북적북적하고 전 그런 거 좋거든요. 우린 애들 생일이, 애들이 네 명이, 쌍둥이가 10월 15일 그리고 셋째가 10월 14일, 막내가 3월 18일, 그래서 10월 14일, 15일 똑같잖아요, 거의. 10월은 집안이 잔칫집 같았죠. 세 명이 같이 한꺼번에 생일잔치를 하니까. 친구들 오면은 고학년 때는 나가서 지네들끼리 뭐 치킨 사 먹고 피자 사 먹고 그랬지만, 그때는 집에서 다 했으니까 애들 2, 30명씩 떼거지로 와서 재미있었죠.

면담자   아이들은 재미있었지만 사실 요리도 해야 하고 김밥도 해야 하고…….

예은 엄마   저는 그런 거 좋아해요(웃음). 저는 그래서 맏며느리가 되는 것이 꿈이었어요. 진짜로 맏며느리가 됐고 명절날 모이는 걸 너무 좋아해서, 북적북적거리고 음식 만들고. 그렇다고 해서 음식을 잘하는 건 아니지만, 제가 뭘 만들어서 먹이는 건 너무 좋아했어요. 전에 부천에 있을 때도 겨울 되면은 다라에다 만두소를 잔뜩 만들어서 애들이랑 만두 빚고 그런 거 좋아했어요. 피자 만들어서 같이 먹고, 재밌잖아요.

면담자   저는 힘들어서…… 되게 부지런하신 거 같아요. 좋아한다고 해서…….

예은 엄마   일을 벌이는 걸 좋아해서…….

면담자   부지런해야, 몸이 따라가고…….

예은 엄마   몸은 안 따라가요(웃음). 몸은 저질이에요. 그나마 몸이 저질이라서 이 정도인 거지, 몸이 건강했으면 더 일을 많이 저질렀을 거예요(웃음). 그나마 몸이 저질이라 이 정도만 하는 거지 안 그랬으면 더 나대고 했을 텐데, 몸이 안 따라주는 거 같아.

6
4·16 이전, 하루 일과

면담자   예전에 참사 이전에 하루 일상을 몇 시간, 이렇게 시간대로 한번, 기억이 나시는지요.

예은 엄마   그때그때 달라서. 주로 아침에 새벽기도 다닐 때는 5시에 일어나, 6시에 새벽기도 갔다 오면은 7시, 애들 깨워서 7시 반쯤 애들 깨워서 밥 먹여서 8시에 애들 내보내고… 내보내고 나서는 청소하고 정리하고, 그리고 나서 교회 가거나 아니면 도서관 활동하거나 그렇게 했죠. 그때도 바빴던 것 같아요. 늘 교회 일을 하든 도서관 일을 하든지. 집에 일주일에 두 번 정도 있고, 나머지는 [집 밖에] 다니고 그러고. 아무래도 교회 전도사를 하니까 그게 좀 늘 어려웠어요.

주말에 아이들이 있는데 같이 있는 시간이 별로 없어서. 주말엔 항상 교회에 가 있으니까, 토요일도 그렇고 일요일도 그렇고. 그리고 한 달에 한 번씩 도서관 프로그램이 있으니 그걸 진행하려면 그런 날은 하루 종일 교회에 가 있고 아침 일찍부터 저녁 늦게까지 그랬던 것 같아요. 그렇게 하고 저녁에 들어오면, 애들 어렸을 때는 들어오면 저녁 먹고 같이 집에 있고. 조금 큰 다음에는 ○○하고 예은이가 야자를 하거나, 예은이는 학원을 다니고 했으니까 저녁때면 데리러 가고, 데리러 갔다 오면 10시 반, 11시 그렇게 되죠.

면담자   주일은 거의 교회에 계시면 아이들은 자기들끼리 따로 놀았나요?

예은 엄마   예, 자기들끼리 따로 놀았어요. 어렸을 때는 제가 그냥 강제로 끌고 가서 풀어놓고. 초등 4, 5학년 되니 그땐 안 쫓아오더라구요. 지네들끼리 집에 놀든지 아니면 친구들 만나러 가든지. 그게 제일 아쉬워요. 주말에 같이 여행 가고 그런 게 없었죠. 대신에 저희는 가족들끼리 좀 많이 모였어요. 어머님, 아버님이 가족들끼리 모이는 걸 좋아했고, 또 저도 그걸 좋아했고. 그래서 주중이나… 주말은 피했던 것 같아요. 바로 밑에 동서네가 목회를 하고 있어서 거기도 주중에 모임 있으면 저녁에 항상 같이 모였죠. 어머님, 아버님 생일이나, 동서도 서방님도 생일 땐 항상 같이 모여서…….

7
예은이와 일화

면담자   예은이와 같이 지낸 시간 동안 기억에 남는 일이 있으신지요?

예은 엄마   예은이가 좀 엉뚱한 애였어요. 그래 가지고 뭐라고 할까, 가끔은 민망하죠(웃음). 너무 엉뚱해 가지고(웃음). 놀이공원에서 써야 되는 머리띠를 전철에서 쓰고 있는다든지. 근데 예은이 [하면] 생각나는, 예은이 하면 생각나는 게 몇몇 컷컷 장면이 있는데… 처음 태어났을 때 목이 확 꺾여져 있었던 것, 그 장면하고.

그다음이 어… 인제 그때가 3살 때였나? 눈만 뜨면 연필을 찾았어요. 눈만 뜨면 연필을 찾아서 그림을 그렸어요. 난 애가 화가가 되려나?(웃음) [했는데] 근데 그림을 잘 그리지는 않더라구요. 아무튼 눈 뜰 때부터 연필을 쥐고 있고 잘 때까지 연필을 쥐고 있었으니까. 그래 가지고 ○○이, 예은이 때는 항상 제가 벽에다가 모조지 전지를 사가지고 걔네 키만큼을 항상 붙여줬어요. 그리고 다 차면 다시 떼고 새로 붙이고, 마음껏 그리게, 아무튼 그림은 원 없이 그리게 해줬어요. 예은이가 그리는 거 좋아했고.

어렸을 때 어디서 봤는지 걸핏하면 "응" 힘주면서 이상한 표정을 짓는 걸 되게 웃기게 잘했어요. 지금도 그 사진이 있는데… 그랬던 거. 이제 막 허리에 힘주고 한 6개월 정도 돼서, 안을 때 손이, 애가 날렵해서 손으로 짚는 걸 잘하더라구요. 엄청 큰 공도 한 손으로 탁 잡아서 갖고 노는 게, 그게 너무 기억에 남고…. 아무튼 손으로 뭔가 만지고 움직이고 그런 걸 좋아하는 것 같아요, 애는.

그리고 자기표현을, 근데 애가 잘 안 했어요. 절 닮은 것 같아요. 〈비공개〉 저는 옆에서 조용히 있는(웃음) "아니요"라는 말을 못 하는 사람이에요. 친구한테 "아니요"를 못 하는데 노인 어른한테[는] 상상도 못하죠. 〈비공개〉 예은이는 아무 말도 안 해요. 그래서 예은이보고 "그러지 마라, 너도 같이 대들고 싸워라. 감정이 안 좋으면 안 좋다고 이야기하고". 근데 "괜찮다"는 거예요. 나는 그 "괜찮다"는 말이 너무 싫었어요, 저를 보는 것 같아서…. 그러지 마라고, 근데도 마지막 갈 때까지 그거를 못 하더라구요. 자긴 그게 안 된다고 그러더라구요. 그래 가지고 싫은 소리를 해도 다 듣고, 뭘 요구를 해도 거부를 못 하고. 핸드폰 같은 경우도 ○○이가[한테] 스마트폰을 먼저 사줬는데, 그럼 다른 애들 같으면 막 졸라서 "이거 사 줘" 막 그래야 되는데 예은이는 그러지도 않아. 그러니까 〈비공개〉 얘는 늘 눈치 보다 뭐 사고 싶은 게 있으면 "엄마 그거 괜찮대" 슬쩍 던져놓고, 엄마가 반응이 없으면 바로 포기하는, 예은이는. 그래서 그게 늘 아쉬웠죠.

근데 어렸을 때 가족들끼리 식사하는 자리를 갔는데 수저통을 확 엎었어요, 엎었어요(웃음). 그러면 놀라서 가만히 있거나 앙 울어버리면 되는데, 울지를 않고 애가 차분히 그걸 다 통에 딱 담는 거예요. 다 해서 상에 올려놓고 그때 울더라구(웃음). 아이고, 얘가 나중에 일기 같은 데 보니까 얘는 늘 엄마가 얼마나 힘들까 〈비공개〉 자기는 엄마를 힘들게 하면 안 돼, 그런 생각이 늘 있었던 것 같애. 마지막까지 못 고친 것 같아.

근데 예은이의 장점은 뭘 하나 시작을 하면 끝까지 했어요, 항상. 예를 들어서 ○○이가 먼저 플루트를 배우고 싶다고 해서 ○○이 배우면서 어부지리로 얘도 같이 배웠단 말이에요. 〈비공개〉 예은이는 끝까지 다 마스터해서 학교에서도 연주회하고 교회에서도 연주회하고. ○○이가 이제 빅뱅을 굉장히 좋아하거든요. 일본어를 배우고 싶다 하더라구요. 그래서 그러면 "예은이도 일본어를 가르칠까", "엄마 입장에서는 돈이 아까우니까 너는 그럼 중국어 할래", "좋다" 하니까, 둘이서 "너는 일본어, 너는 중국어"하고 같이 가르쳤죠. 〈비공개〉 예은이는 갈 때까지 참사 있을 때까지 했어요. 그 중국어 선생님이 나중에 장례식장에 오셨더라구요. 고학년이 이렇게요, 끝에까지 한 애가(웃음) 없대요. 보통 고등학교 올라가면 애들이 안 하는데 중학교 때 시작해서 고등학교 2학년 될 때까지 했으니까. 그리고 숙제도 한 번도 밀린 적이 없다고 하더라구요.

그랬지. "자전거 탈래" 하면 타고. 수영 같은 것도 같이 넷 다 배웠는데 셋 다 나가떨어지고(웃음) 예은이만 끝까지 오리발 하는 것까지 다 배우고. 아무튼 부족한 것 같은데 뭐든지 하나 맡기면 끝까지 해서, '아 얘가 느리긴 해도 나중에 뭔가는 하겠다' 그런 생각은 있었어요.

근데 숫기가 별로 없고 자기표현을 별로 안 하니까, 그런 애가 갑자기 가수가 된다니까 저희는 좀 의아했죠. 초등학교 때부터 보컬 배우고 싶다는 걸 무시하고 있다가 중학교 들어와서 진로탐색기잖아요, 중학교는. 저는 이제 지론이 초등학교 때는 무조건 놀려야 한다, 공부 안 시키고 실컷 놀리고, 이제 중학교부터는 아이들이 뭐에 관심이 있는지 좀 관찰해 보고 싶었어요. 큰애가 제과제빵을 해보고 싶다고 하도 졸라서 큰애 시키면서 미안하니까 예은이는 보컬 취미반을 등록시킨 거죠. 근데 보컬 하면서 얘가 학교에서 대회 나가면서 계속 상을 받아 오는 거예요. 팝송 부르기 대회 아니면 대중가요 불러서 상을 받기도 하고… 그게 나중에는 안산시 대회에 나가서 2등을 하더니 도 대회까지 나가게 된 거예요. 도 대회 때는 상은 못 받았는데, 그때는 담당 선생님이 막 교체되고 그래서, 그래서 '아 얘가 완전히 가능성이 없는 애는 아니구나' 그 정도만 생각을 했죠. 근데 그즈음에 학원에서 다큐를 좀 찍었으면 좋겠다, 얘가 너무 열심히 하는 게 예뻐서 방송국에서 추천해 달라고 했는데, 예은이를 추천하고 싶다고 그래 가지고 예은이가 SBS 다큐에 출연하게 된 거죠. 그때 다큐 나가게 한 목적은, 나가보면 얘가 얼마나 방송이 힘든 건지도 알고, 이 일을 포기하지 않을까(웃음) 자연스럽게… 그래서 했는데 생각 이상으로 힘들더라구. 카메라가 보름 동안 애 옆을 쫓아다니니까, 아침 일찍부터 밤늦게까지. 다른 사람이 보는 앞에서 뭐 버스며 학원이며 다 쫓아다니니까 엄청나게 스트레스받지. 그리고 아직 애가 여물어지지 않는, 아직 실력 없는 모습이 카메라에 고대로 담기니까 방송 담기고 나서 너무 힘들었어요. 그래서 "그것 봐라, 그만두자, 여기서 그만두자" 그랬더니 울면서 "아니"라고 그래 가지고. '야, 이렇게 힘든데도 이걸 하고 싶은 만큼 얘는 이게 절박하구나. 그래 꼭 가수가, 뭐 가수가 될 수도 있고, 지금 성장 과정이니까 언제 어떻게 또 변할지 모르니까. 그리고 다른 관련된 직종을 하든 뭔가 하기는 하겠구나'. 그때부터 학원을 보내게 된 거죠.

예고를 보낼까 했었는데, 예고는 실용음악과가 사람이 너무 몰려서 안 됐고, 고등학교 진학하고 예고 못 됐으니까, 안 됐으니까 1학년, 1학년 2학기 때까지는 수업만 집중하기로 했는데, 이놈의 단원고가 애들을 가만히 안 두더라구요. 워낙 발표하는 프로그램이 너무 많고, 처음 체육대회부터 단체 에어로빅 그다음에 수련회 때 또 애들 발표하지, 11월 달에 하는 그, 그 축제 발표회 그 준비 때문에 애가 막 정신없이 바쁘더니, 그거 다 끝나고 나니까 동공이 흔들리고 집중이 안 되고 풀리는 게 딱 보이더라구요. 그래서 '위험하다' 저는 순간적으로 그런 생각이 들었어요. 애가 처음에는 야자[야간 자율학습]라든지 뭐 보충수업 어느 순간 애가 그냥 딱 눈빛만 봐도 '나 지금 재미없어' 그게 보이더라구요. 선생님도 나중에 "얘가 자살 지수가 너무 높게 나온다, 무슨 일이 있냐"면서 [묻기에] "그렇지 않아도 이만저만해서 학원 등록하려고 알아보고 있다"[고 했어요]. 선생님이 빨리 알아보라고 하시더라구요. 그래서 실용음악과 학원을 이 동네 괜찮은 데 없어서 뮤지컬 학원을 등록을 해서 다니게 됐죠. 그러면서부터 얼굴이 폈죠. 그랬어요.

그래서 나중에 이렇게 되고 보니까, 자기 꿈을 이루고자 하는 간절함 그런 게, 뭐 남긴 메모라든지 페북에 마지막으로 올렸던 노래 가사라든지 다 그런 가사밖에 없었어요. "지금은 힘들지만 난 무슨 일이 있어도 꿈을 이루겠다", 뭐 그런 내용 가사, 뭐 낙서[도] 순 그런 것만 남아 있더라구요. 너무 미안하죠. 괴로운 건 그거예요. 마지막 순간에 그렇게 간절히 자기가 원했던 꿈 근처에 가보지도 못하고(눈물) 자기 앞에 죽음이 놓인 걸 알았을 그 아이의(한숨) 그 마음이 어땠을까. 너무 열심히 살았는데 엄마 아빠가 보기에도 너무 존경스러울 정도로 진짜 너무 열심히 살았어요, 너무 열심히. 학교생활을 소홀히 한 것도 아니고, 그렇다고 가족들한테 소홀한 것도 아니고, 교회에서도 회장이었거든요. 회장으로서 자기가 맡은 역할이라든지, 회장이라 아침에 더 남들보다 잠 못 자고 더 일찍 갔는데 한 번도 빠진 적이 없거든요. 열심히 살았는데 열심히 살지 말라 할걸 차라리(흐느낌). 너무 열심히 살아서 너무 모든 걸 너무 열심히 해서 그래서 걔가 더 절망했을까 봐, 마지막 순간에. 나한테 왜 이러냐고 따졌을까 봐 그게 제일 안쓰럽죠.

애를 보내고 나서 물건을 정리를 하는데 아무것도 안 버렸거든요. 그대로 다 있는데… 이제 저희 집이 복층이라 ○○이를 위층에 혼자 둘 수 없어서 1층으로 데리고 내려오고 2층에 예은이 짐만 다시 정리해서 잘 놓았는데, 〈비공개〉 너무 없더라고, 옷이. 〈비공개〉 통장을 정리하며 보니까, 저는 용돈을 타면 명절 때 용돈 받으면 "어른들한테 저금할 거 내놔, 엄마가 저금해 줄게" 하면 예은이는 항상 그냥 그대로 다 줘요, 하나도 안 쓰고. 돈이 제일 많은 거예요, 네 명 중에. 그것도 미안하더라구요, 그냥 쓰게 놔둘걸. 사고 싶은 거 사게 놔둘걸. 그런 게 미안하죠. 너무 열심히 살아서, 그냥 설렁설렁 살라고 그럴걸. 더 억울했을 것 같아요.

애가 저녁 때 또 오면은 굉장히 피곤하잖아요. 그때도 꼭 스트레칭을 해요, 오면은. 과일을 좋아해서 항상 과일을 안 떨어지게 놓거든요. 과일 먹고, 과일 먹으면서 스트레칭하고. 그러고 일주일에 몇 번씩 딱 정해놓은 시간에 팩을 만들어서 하거든요. 자기가 하고 동생들 해주고. 그런 거 보면 어떻게 저럴 수 있을까, 피곤하면 그냥 잘 수도 있는데. 그 수학여행 가기 전날도 학원에서 굉장히 늦게 왔어요, 뮤지컬 학원에서. 그날은 가지 말라고 했거든. "피곤하니 일찍 와서 짐 싸고 쉬어라" 해도 학원 가는 걸 너무 좋아했으니까, 갔다가 10시 반에 왔는데 그때 짐 싸고 팩하더라구요(웃음). 그래서 참 넌 대단하다, 뭘 시작해도 끝까지 하고 아무리 피곤해도 운동하는 거, 피부 관리하는 거, 그래서 피부가 진짜 좋았어요, 뽀애 가지고. 원래 그런 피부가 아니었거든요. 걘 자기가 진짜 만든 피부죠. 너무 대단하다 그랬죠. 근데 그럼 뭐 하냐고(웃음). 어이구 그렇게 열심히 가꿨는데(흐느낌) 팅팅 붓고 멍들어서 그걸 보니까 너무 미안하더라구. 그렇게 잠도 줄여가면서 그렇게 열심히 가꿔온 피분데(울음) 그럼 뭐 하냐고(흐느낌). 다 참았는데 〈비공개〉 힘들어도 참고, 진짜 오뚝이처럼 매번 일어섰는데(흐느낌). 〈비공개〉

면담자   조금 쉬었다가 할까요?

예은 엄마   아니요, 그냥 해요. 제가 시간이(울음). 〈비공개〉 예은이가 이렇게 될지 생각도 못 했어요. 뭐든지 끝까지 하니까. 늘 나중에 어떻게 무엇을 하고 있을까 궁금했던 아이거든요. 그래서 걔가 만졌던 플루트도 있고, 기타도, 걔가 유일하게 혼자, 걔만 기타 쳤거든요. 기타도 그대로 있고, 오리발도 걔만 할 수 있는 오리발도 유일하게 그대로 있고, 만들기 좋아해서 만들어놓은 거, 비즈공예 했던 거 그대로 있고, 난타도 잘해서 난타 했던 그것도 그대로 있고, 저희 집 애들이 말이 별로 없어요. 유일하게 예은이가 늘 조증인 애처럼 늘 신나 있었어요. 예은이 때문에 시끌시끌했는데 그럴 일 없어졌지. 과일 먹는 사람도 없고, 떠드는 애도 없고…….

8
참사 전 정치관 및 교육관

면담자   이전에 투표를 하시는 편이셨어요?

예은 엄마   투표는 항상 하죠. 보수적이래도 1번은 안 찍었어요(웃음).

면담자 　　　아이들 키우며 특별히 중요하게 생각하셨던 점, 양육관은 어떠셨습니까?

예은 엄마 　　　아이들한테 배려에 대해 많이 가르쳤던 것 같아요. 다른 사람 입장에 대해 생각하게 할 수밖에 없는 게, 형제가 여러 명이니까. 근데 큰애만 안 먹혔어요. 나머지 셋은(웃음) 좀 먹혔는데. 지금도 숙제예요, 큰애는. 여전히 싸우고 있고, 저랑. 안 되더라구, 부모 마음처럼. 예은이는 너무 넘치게 배려해서 그게 늘 좀 거슬렸구요, 저는. 근데 지금은 배려하라고 강요 못 하겠어요.

9
수학여행 준비

면담자 　　　수학여행 준비에 대해서 혹시 수학여행에 대해 처음 이야기 들으신 게 있으신가요?

예은 엄마 　　　그때 그 전해, 그 전해였나? 수학여행 가는 거에 대해서 설문조사를, 그 전해가 아니었구나. 2학년 들어와서 설문조사 하는데, 배로 갈 건지 비행기로 갈 건지, 장소 조사는 그 전해에 했던 것 같고, 차편은 어떻게 하는지 설문조사를 했어요.

　　　제가 2014년에 아라뱃길 그 유람선을 한번 탈 기회가 있었는데 배를 탔는데 생각보다 배가 너무 낙후됐더라구요. 너무 시설이 안 좋더라구요. 음식도 먹었는데 너무 허접한 거야. 아, 배는 안 되겠다 우리나라에서는, 그런 생각이 있어서 예은이한테 "배는 안 돼" 그때 비행기로 해서 사인을 해서 보냈거든요.

근데 이번에 그 교무실을 갔더니 설문지 묶음이 있더라구요. 그래 가지고 애들 걸 확인해 봤는데, 저희 반 애들이 표지에 써 있는 거 보니까 딱 한 표가 더 많더라구요, 배 타는 게. 그 한 표를, 우리 예은이가 기여를 했더라구. 화이트로 지우고 참(웃음). 아니 이게 뭐야, 비행기로 했는데, 분명히. 친구들끼리 의논을 한 거 같아요. 그게 사실 정보라는 게 중요한데, 학교에서 해운사에서 와가지고 설명회를 했으니 애들이 혹했지 뭐. 그때 '1박 2일' 그 예능프로에서 배 타고 가는 장면 나오고 하니까, 애들이 거기에 대한 환상이 좀 있었던 것 같더라구요.

그거랑 일단 여자애들은 너흰 나가면 속옷이 신경이 쓰이니까 〈비공개〉 예은이는 고르고 고르고 안 고르는 거예요, 거기서. 결국은 1층에 내려가면 쌓아놓고 약간 싸게 파는 데 있잖아요. 거기서 골랐어요. 그래 가지고 할 수 없이 그게 마음에 든다고 하니까. 지금 생각하면 〈비공개〉 지 딴에는 엄마 생각한다고 그랬던 것 같애. 얘는 왜 좋은 거 놔두고 이런 데서 고르냐 하면서, 그러면서도 슬쩍 좋아하는(웃음) 그래 가지고 사주고 미안하더라구. 그래서 단화 하나 사주겠다고 해서 얇은 그 신발 있죠? 그 뭐라 하냐, 스니커즈라고 하나.

면담자   플랫슈즈?

예은 엄마　　　아, 플랫슈즈 납작한 거. 그래서 그거를 그전부터 사고 싶다는 거를 안 사줬거든요, 제가. 그날 제가 가서 보니 별로 비싸지 않더라구. 그래서 NC 백화점 1층에 가서 플랫슈즈를 사줬거든요. 나중에 보니까 그걸 페북에다 바로 올렸더라구요, 참사 지나고 보니까. 나중에 그 신발이 제일 먼저 올라왔어요. 나중에 사진을 보니까 그 신발 사주고도 신발 모양이 생각이 안 나는 거예요. 근데 애들 중에 카메라 나온 애들이 있었는데, 핸드폰이나 마지막 선상에서 찍은 사진을 보니까 그 신발을 신고 있더라구요. 나중에 유품 사진 봤을 때 그거를 찾을 수 있었죠. 그게 제일 먼저 나왔어요.

　　그리고 캐리어를 어머님이 주셨어요. 빌려주셨어요. 비싼데 뭘 사냐, 근데 그게 옛날 거라 바퀴가 한 방향으로만 굴러가는 거라 끌기 너무 힘들더라구요. 그 이야기를 하니 애 아빠가 캐리어 주문을 해서, 빨간색으로, 솔직히 나는 별로 색깔이(웃음) 마음에 안 들었는데, 예은이도(웃음) 마음에 안 들었는데. 새거니까 〈비공개〉 괜찮다고 좋다고 하더라구요. 근데 애 표정 봐선(웃음) 아닌 것 같은데… 그게 어머님 건 천이었는데, 얘는 플라스틱이라 나중에 캐리어도 빨리 나온 편이에요. 물에 떨어지고 빨리 나온 편이에요. 〈비공개〉

　　애 아빠가 전날 저녁에 갑자기 전화가 왔어요, 회사에서. 생강 좀 사다가 즙을 내놓으라 하더라구요. "아니, 어디서 갑자기 생강을 사다가 즙을 내냐?" [했더니] 그게 뱃멀미할 때 생강즙이 좋다는 거예요. 제 생각에 얘가 생강즙을 먹을 것(웃음) 같지 않아서, 이걸

대체할 게 있어야 하는데, 집에 있는 물건을 찾다 보니 목사님이 주신 진저캔디가 있더라구요, 외국에서 사 오신 게. 그래서 그 진저캔디를 줬죠. 그래서 나중에 캐리어 나오고 보조가방도 나중에 나왔는데, 보조가방에 다른 물건은 지갑은 빠져나갔는데 그 진저캔디 통은 그 안에 남아 있더라구요. 근데 다 녹슬어 가지고 진저캔디 통이 나왔더라구요.

짐을 쌀 때 특이한 게 짐을 진짜 금방 쌌어요. 그때 처음으로, 〈비공개〉 얘[예은이]는 메이커 추리닝이 없었거든요. 그래서 사줬죠, 애 아빠가. 그래서 그거 새로 사서 한두 번밖에 안 입은 회색에 분홍색 줄 들어간 아디다스 추리닝을 그거 넣고. 그러고 가서 또 발표회를 해야 하니까, 춤을(웃음), 특별히 자기가 주문한 옷이 있더라구. 그러고 넣은 게 1학년 때 단체 에어로빅 할 때 옷을 넣는 거예요. 아줌마들 입는 몸빼바지하고 분홍색 옷을. "야 너는 제주도로 수학여행 가는데 이 촌스러운 것을 왜 가져가냐?" 하니 "자기한테 너무 뜻깊은 옷"이라고, 우리 이거 입고서 얼마나 열심히 연습했는데, 그래서 1등까지 했는데, 자기는 "자기 반 애들한테, 작년에 같은 반 했던 애들한테 너무 의미 있는 옷이니 꼭 가져가고 싶다"고 하는 거예요. 꽃분홍색 그 티를 넣었어요. 나중에 캐리어 나올 때 물건 보고 부모들이 다 비슷비슷해서 못 찾는데 나는 그걸 보고 딱 찾았어요. 혹시 같은 반 애가 가져갔으면 어떻게 하나 해서 같은 반 엄마들한테 물어봤더니 안 가져갔다 하더라구요.

캐리어도 애 아빠가 사준 거라 금방 찾았지. 그날 전날 그 바쁜

와중에 크롭티라고 해가지고 짧은 티가 유행했거든요. 자기 흰색 면티를 크롭티로 만들고 거기다가 천에다 쓰는 물감을 펜을 산 게 있더라구요. 그거를 그림을 내가 봤을 땐 진짜 너무 유치하게 그렸어요. 안 가져갔으면 하는데 그거 가져간다고 하더라구요. 그러라고 하고 말았는데. 다음 날 학교에서 전화가 왔어요. 문자가 왔어요. 그걸 놓고 갔다는 거예요, 크롭티를. 친구가 그걸 보고 이쁘다고 빌려달라고 했다는 거야(웃음). 참 그 친구도…(웃음) 갖다줄 수 있겠냐고 그래서 그거 갖다주러 점심때 갔죠, 15일 날. 그게 마지막이었고 그 티도 같이 왔죠. 고 정도. 그때 사준 물건은 기억에 남는 게, 아디다스 추리닝하고 1학년 때 입었던, 체육대회 때 입었던 그게 나일론이라 나중에 왔는데 다른 건 막 삭았는데 이건 깨끗하더라구요. 그거하고 크롭티. 그쵸, 그렇게 왔죠.

면담자   오늘은 여기까지 하고, 다음에 참사 당일 소식을 들으셨을 때부터 시작하도록 하겠습니다. 수고하셨습니다.

2회차

2016년 3월 17일

1
시작 인사말

면담자   본 구술증언은 4·16 사건에 대한 참여자들의 경험과 기억을 기록으로 남김으로써 이후 진상 규명 및 역사 기술에 기여하고자 합니다. 지금부터 박은희 씨의 증언을 시작하겠습니다. 오늘은 2016년 3월 17일이며, 장소는 안산시 정부합동분향소 내 밥값식당입니다. 면담자는 김향수이며, 촬영자는 김솔입니다.

2
근황

면담자   어머니, 저희가 지난 금요일에 뵀었는데 일주일 동안 어떻게 지내셨는지요?

예은 엄마   그래요, 뭘 했는지 기억이 잘 안 나요. 뭔가를 한 거 같긴 한데.

〈비공개〉 세월호 가족뿐만 아니라 고통받는 사람들이 어느 컨퍼런스 가서 창현 언니가 어떤 목사님이 "그렇게 심각한 고난 가운데 있을 때 도대체 교회로부터 어떤 도움을 받았습니까", "도움 가운데 뭐가 제일 도움이 됐습니까" [물으니까] 창현 언니가 "하나도 없었다"고, 하나도(웃음). "아무것도 도움이 안 됐다. 오히려 걸림돌이 됐다. 도와주지는 못할망정 슬퍼하는 것까지 슬퍼하지 말라고 막아서 너무 힘들었다"는 그 이야기를 하더라구요. 지금 그런 현실인 거죠, 우리나라 교회가. 그런 일들이 있었네요.

그거 말고는 오늘 제가 몸담고 있는 작은도서관협의회에서 한 달에 한 번씩 하는 '앞담화'[가] 분향소에서 있었는데 반지 만들기를 했어요, 제가 만든 건 아니고, 도서관 이용하시는 분들이 오셔서 같이 반지 만들기 하고. 엄마들 이야기 듣고 분향소 오는 걸 굉장히 꺼려하셨던 분인데 만들기 한다니까 오셨고, 오셨다가 가족들을 만나고 가족들 만나서 이야기를 듣고, 이야기 들을 때 좀 버거워서 울기도 했지만 나중에 웃으며 같이 만들기도 하고, 서로 잘한다고 칭찬도 해주고 그렇게 끝났어요. 좋은 시작점이 된 것 같아요. 그 전에는 약간 강의 위주로 했는데 부모들과 같이 이렇게 한 건 처음이거든요. 그 전엔 강사분들이, 유명한 교수님이 오셔서 강의를 하고, 도서관 운영자나 이용객들이 와서 강의를 듣고 질의응답을 했는데, 오늘은 그냥 처음부터 끝까지 부모들하고 그룹으로 같이 만들어가면서 이야기도 나누고 친해지고…….

면담자   그렇게 기획하신 이유가 따로 있으신지요?

예은 엄마   일단은 저는 도서관들이, 특히 도서관 운영자들이 굉장히 의식이 있다고 생각을 했거든요. 막상 세월호 참사가 터지고 나서 보니, 의식이 있는 분들이 도서관 이용객들에게 이런 무거운 주제를 던졌을 때 도서관 안 올까 봐 감히 이야기를 못 꺼내시는 부분들이 있고, 그걸 꺼내는 것도 휙 던져서 심각하게만 만들지 뭔가 지속적으로 할 거리들이 없어서 고민하시더라구요. 어디서부터 뭘 어떻게 시작해야 할지, 어떻게 해야 가족들에게 도움이 되는 건지 모르시더라구요.

근데 안산이라는 지역이 지금 가족과 비가족 간의 경계가 너무나 확연히 그어져 있어서, 서로가 서로에게 다가가지 않잖아요. 그래서 '어떤 접점을 만들어야겠다' 그러고 도서관 선생님들도 상황 돌아가는 거에 대한 정보가 너무 없더라구요. 그분이 왔을 때 지금 유가족 상황이 어떤지, 어떤 마음인지, 심지어 도서관 선생님들 중에 여기 분향소가 있냐 없냐 모르시는 분도 계시고, 이용객들 가운데는 뭐 더 심한 것 같고. 아직 분향소가 여전히 있음을 보여주고, 또 가족들과 만나는 게 그렇게 불편하고 힘든 일만은 아니다, 그냥 평범한 우리 이웃이다[라는 걸] 보여주고 싶었어요.

요게 접점이 돼서 친해지면 이분들을 도서관으로 불러들이게 [될 수 있겠죠], 지금은 우리가 이분들을 초대했지만. 한 12개 정도, 13개 정도 도서관들이 참여하고 있거든요. 도서관들이 또 지역으로 엄마들을 불러들인다면 자연스럽게 서로의 그 두터운[두꺼운] 벽에 구멍을 조금씩 내는 작업들이 아닐까 싶어요.

3
4월 16일

면담자　　　오늘은 참사 당일 이야기를 하려 하는데요. 어머니,

51
·
2회차

처음에 사고 소식 듣고 내려가는 과정 중에 기억에 남는 것들, 그리고 기억하고 싶은 것들을 자유롭게 이야기해 주세요.

예은 엄마　　　처음 소식 접한 건 지난번에 제가 이야기했던 것 같고. 소식을 접하고, 애 아빠 뉴스를 보고, 아이에게 뉴스에 나오고 있는 이 어마어마한 구조 작전에 대해 이야기하고, 아이를 안심시킨 다음에 옷을 챙겨서 내려갔죠. 얼마나 급하게 내려갔는지 그때 그 과속 딱지가 여섯 개가 날아왔어요. 근데 애 아빠가 계속 안 내다 결국은 차 압류 통지서가 나와서 지금 지하 주차장에 고이 모셔놓고 있거든요. 저라도 과속해서 갔을 거 같아요. 너무 멀더군요, 진도가. 가도 가도 끝도 없는데, 당장 내 자식이 죽어가는데 얼마나 마음이 급했겠어요. 날아서도 가고 싶은 마음이죠.

애 아빠가 그렇게 가고 난 다음에 시동생들이 왔어요. 제일 가까운 데 있는 시동생들, 막내 시동생, 사촌 시동생 둘이 먼저 왔고, 같은 시화공단에서 일하고 있었으니까 뒤따라 형한테 갔죠. 형한테 가고 그러고 저는 집에 있다가 이제 아이들이 오더라구요. 그리고 어머님, 아버님 오셨길래 ○○이 좀 데려와 달라고 이야기했어요. 혼자 오기엔 너무 애가 힘들고 무서울 것 같아서, 어머님, 아버님이 가서 ○○이, 쌍둥이 언니 ○○이 데려오고 △△이, ◇◇이도 학교에서 얘기를 해서 왔죠.

그리고 나서 순간적으로 고민을 했어요, '내가 따라가야 하나 말아야 하나'. 근데 그 상황 봐서는 애들 금방 구조될 것 같았거든요. 그러면은 저랑 제 남편이 생각한 건, 구조돼서 올라오는 그 길

하고 내려가는 길이 서로 어긋나 가지고, 아이가 엄마나 아빠 중에 한 사람은 봐야 하는데 '한 사람은 안산에 있어야 하지 않겠냐', 구조돼서 벌써 올라올지도 모른다는, 그런 착각 아닌 착각을 한 거죠, 저희들이.

애 아빠는 내려가고 저는 집에서 아이 연락 오기만을 기다렸죠. 기다리면서 답답해서 여기저기 전화해 보고 그러는데 별 정보를 얻을 만한 곳이 없더라구요. 처음엔 학교를 가보자 해서, 학교에 부모들이 와 있을 거 같아서 가보니 부모들이 많이 왔더라구요. 갔는데 교실 앞에서 부모들이 소리 지르고, 그리고 중간에 선생님들이 나와서 생존자 명단 브리핑해 주고 그러는데, 엄마들 아는 사람이 별로 없었는데 쌍둥이 ○○이 단짝친구 ☆☆이라고 있는데 ☆☆ 엄마하고는 좀 알거든요. ☆☆ 엄마가 마침 있어서 아는 체를 했는데 그 엄마가 굉장히 불안해하더라구요. "○○이 엄마, 아무래도 이거 너무 이상하다", "이건 보통 사건이 아닌 것 같다"고 그 엄마가 어쩔 줄을 몰라 하더라구요. 저는 오히려 그 상황에서 진정을 시켰어요. "애들 다 살아올 거다" 했더니 아니라는 거예요. ☆☆ 엄마는 굉장히 이상하다고 수상하다고 "뭔가가 있다"고 "뭔가가 있다"고 계속 그러더라구요.

교무실 가서 난리 치고 막 울고 막 생떼 쓰고 막 그랬었거든요. 근데 저도 아이 방에, 아이 교실에 갔더니 교실이 굉장히 지저분했어요. 그리고 생각해 보니, '아 맞다, 얘네들이 아침에 바로 간 게 아니고 수업을 하다가 간 거'잖아요. 그러니 마음이 얼마나 분주했겠어요. 수업이 머리에 들어오지도 않아, 그래서 지저분해도 그렇게 돼지우리처럼 지저분한 교실이 없더라구요. 애들이 막 다 어질러놓고 급하게 간 흔적이 보이더라구요. 그래서 순간 좀 답답했어요, 교실을 보면서. '참 미쳤다. 수학여행 가면서 왜 수업까지 하고 그 밤에 애들을 데려갔을까' 너무 싫더라구요, 막 진저리나게.

예은이 자리를 찾아갔더니 예은이가 평소에 잘 갖고 다니던 모포가 있더라구요, 빨간색 체크무늬가. 그거 끌어안고서 한참 울었어요. 다른 건 잘 모르겠는데 그 모포는 그 자리 두면 안 되겠더라구요. 가지고 왔어요, 없어질까 봐. 그다음에 강당에 갔다, 교무실 갔다가, 왔다 갔다 하는데 전원 구조도 오보라 그러고, 더 이상 생존자 명단이 나오지 않으니까 부모들이 뉴스만 기다리며 인제 아무것도 할 수 없는 그런 상황이더라구요. 그래서 거기서 한참을 기다리다가 일부 부모들은 차를 타고 간다고 해서 나갔는데 집 상황이 걱정이 되더라구요. 쌍둥이 큰애가 어떻게 해야 할지 몰라 하니까 집에 갔죠. 집에 갔는데도 뭐 불안해서 있을 수 있어야죠.

그래서 그때 학교 가기 전에 참 "전원 구조" 그게 떴을 때여서 애 아빠한테 전화했었거든요. 전원 구조라 문자를 보내면서도 전원 구조 보내자마자 막 사방에서 전원 구조라 전화가 오고, 문자가 오고 그랬어요. 그게 안 믿겨지더라구요, 그게. 문자 온 분들에게 전원 구조라 하는데 믿을 수 없다, 지금 상황이. 저도 약간은 느꼈던 것 같애, 뭔가 수상한 거. 그 순간부터 현실 같지 않았어요. 단원고등학교라는 글자를 TV에 박혀 있는 걸 본 순간부터 다른 세상으로 제가 그냥 쑥 빨려 들어간 느낌? 그래 가지고 '현실 같지 않은 그곳에서 내가 꿈꾸고 있구나. 이런 악몽이 다 있지?' 했는데.

아무튼 학교에서 왔단 말이에요, 너무 답답해서 상황이 일목요연하게 취합이 돼서 뉴스에 뜨지 않으니까. 컴퓨터를 켜고 해수부 전화번호도 찾아보고 해경 전화번호도 찾아보고 진도군청 전화번호 찾아보고 막 전화했어요. 근데 해수부에 전화해도 저희는 담당이 아니어서 모르니까 이쪽으로 전화하라 하고, 그쪽으로 전화하면 여기도 담당이 아니어서 모른다 하더라구요. 그래 가지고 몇 번을 중앙재해대책본부도 전화를 해봤는데 어떻게 된 게, 한 군데도, 자기네가 책임이 있다, 정확한 정보를 주는 데가 한 군데도 없는 거예요.

그래서 답답해서, 처음에 구조되어 온 애들이 서거차도에서 있다 왔기 때문에, 서거차도에 교회가 있지 않을까. 그래 가지고 '교회 목사님에게 전화해야겠다' 해서 서거차도 교회에 전화했는데 핸드폰으로 전화가 되더라구요. 근데 안 받으시더라구요. 그러다가 저녁에, 그때가 저녁식사 지나고 나니까 8, 9시 다 돼갈 때 전화가 왔어요. "누구시냐"고 그래서 제가 "단원고 학부형인데, 우리 아이들이 어디 있을까요? 분명히 뉴스에, 그때 계속 나온 게, 아이들이 살아 있고, 이게 혼선이 있어서 무인도로 갔거나 목포로 갔다 내려오거나 아직 군함에 있거나……" 막 이런 식으로 이야기했거든요. 부모들 생각으로는 아까 처음에 본 영상에 의하면 진짜 바다에 가득 메울 정도로 군함이 떠 있었거든요, 사고 해역에. 도대체 그걸 누가 보냈는지 그것도 아직 안 밝혀졌는데, 그 그림대로라면 진짜 아이들은 군함에 타고 있었어야 했어요.

아이랑 마지막으로 전화통화를 할 때가 문자가 9시 50분대에 "배가 기울고 있다. 무섭다" 전화 오고, 10시 초반 5분인가 그때 해경이, 얘는 해군이라 한 것 같애, "해군이 구하러 오고 있다. 헬기 소리가 나고 그랬다"고, "들어오고 있다" 이야기했고, 그다음 마지막 문자가 아직 객실이 10시 15분이었거든요. 그러니까 그렇게 어마어마한, 얘가 문자 보낸 거랑 TV 화면으로 본 거에 의하면 분명히 애들은 100프로 군함에 타고 있어야 맞는 거거든요. 발에 걸릴 정도로 사방에 군함이 떠 있었는데….

당연히 살아 있을 거라 생각하고 목사님한테 "애들은 다 어디로 갔을까요. 혹시 섬에 남아 있는 애들이 있나요?" 했더니 목사님 말씀을 못 하시더라구요. "아니, 왜 목포에서 오는 걸까요?" 그랬더니 "어머니, 죄송합니다" 그 말 한마디가 너무 무섭더라구요. '왜 이분이 나한테 죄송하다 그러지?' 그다음 하신 말은 "어머님, 갔는데 그 어선밖에 없었고, 보도에 나온 건 많이 틀리다" 굉장히 조심스러워하시더라고. "어머니께 말씀드려도 될지 모르겠는데, 뉴스에 나간 거랑 많이 틀리다" 그런 이야기를 하면서 "퇴선 시기를 선장이 좀 가늠을 잘 못한 것 같다" 그런 식으로 이야기를 하시더라구요. 그리고 "배가 몇 대 없었다"고 그렇게 얘기하시더라구요. 서거차도에 갔던 애들이, 그 애들이 생존자 전부라고 그렇게 이야기… 그때 다리 힘이 확 풀리면서 그때부터 무서워진 거죠.

그래서 바로 애 아빠한테 전화해서 애 아빠가, 그 전에 애 아빠

예은 엄마 박은희

랑 전화 통화하면서 "여보, 애들 없어, 없어" 했더니, 애 아빠가 도
착해서 통화했는데, 목소리가 "어…" 제가 결혼하고 처음 듣는 목
소리였어요. 공포에 질린 그런 목소리로 "아이들이 없어" 그러더라
구. "아이들이 없어", 한 학년이 다 갔는데 아이들이 없다는 거예
요. 체육관에 가도 아이들이 없다고. 내가 말도 안 된다고 "그 애들
이 다 어디 갔냐고, 오겠지, 올 거야" 계속 전화했죠. "버스 왔어?"
안 왔다고, "버스 왔어?" 그랬더니.

그러다가 목사님하고 통화한 다음에 애 아빠하고 얘기했죠.
"여보, 애들 다 배에 있대. 기다리지 마, 애들 다 배에 있대" 그 목
사님 이야기를 들으면서 '아, 애들이 저 시커먼 물속에 있구나' 알
았죠. 애 아빠한테도 그 이야기를 했고, 그래서 애 아빠도 그다음
부터 차를 안 기다렸죠. 거기 있다는 걸 알았으니까.

4
안산에서 기다림

예은 엄마 　　　그러고 나서부터는 지옥 같은 시간들이 시작이 된 거
죠. 〈비공개〉 애 아빠가 나를 데리고 가지 않은 것, 내가 따라가지
않은 것에 대한 후회가 막 밀려오는데…… 애 아빠가 못 오게 했어
요. 나중에 애 아빠랑 그거 때문에 다투기도 했는데. 또 한편으로
예은이가 금방 올 거라 생각했어요. 구조돼서 오면은 '내가 내려가
서 어긋나면 어쩌지, 어긋나면 어쩌지' 그 생각 때문에 갈 수도 없

고, 안 갈 수도 없는 그런 시간의 연속이었죠. 저녁이 되면은 애 아빠는 팽목항에 있고, 시동생들은 그 사고해역으로 가 있어요. 나중에 바지선 들어온 다음부터는. 시동생 중 한 명은 또 진도체육관에 가 있었고…….

제가 하는 건 계속 세 군데에다 전화하는 거예요. "지금 뉴스에 조명탄 쏘고 있는데 사실이냐", "아니다", "여기서 뭐 날씨가 안 좋아서 구조가 어렵다는데 사실이냐", "아니다", 뉴스하고 현장이 다르다는 걸, 가보지는 않았지만 계속 확인할 수 있었어요. 너무 틀리더라구. 뉴스 보지 말라고 애 아빠가 화를 내더라구, 믿을 것 하나도 없다고.

그러고 나서 토요일 날, 수요일에 일이 터지고 토요일에 도저히 참을 수가 없어서 내려갔어요. 완전히 팽목항이 아수라장일 때 내려간 거죠. 내가 너무 가고 싶었는데 애 아빠는 못 오게 하고, 그렇다고 제가 혼자 운전하고 갈 수는 없고. 고맙게도 친정 언니가 형부랑 와가지고 저를 태우고 갔어요. 애 아빠가 막 화를 내더라구요. 여기가 어떤 덴데 오냐고, 오지 말라고. 애 아빠는 '지옥 같은 그곳에 제가 있는 게 너무 싫었다'고 하더라구요. 완전 무질서 그 자체였으니까.

내려갔다가 쫓기듯 토요일에 다시 올라왔어요. 주일날, 그때가 부활주일이었으니까, 부활주일 날 정말 도둑처럼 몰래 가서 예배 드리고 도둑처럼 몰래 빠져나왔어요. 사람도 만나는 것도 싫어서. 밤만 되면 뜬눈으로 새우는 거예요. 밤에 주로 작업을 하니까, 무슨 일이 있을까 계속. 그럼 시동생들이 영상으로 찍어서 지금 이런 상황이라 찍어서 보내주고, 이 정도 진척되었다 얘기해 주고. 아무리 기다려도 안 나오더라구요.

5
예은이 돌아오는 날 그리고 장례

예은 엄마   그러다 일주일째 돼가던 날 밤에, 그때가 꿈을 거의 안 꿨는데 그날 꿈속에 예은이가 나왔어요. 아이가 모습이 보이던데, 원피스를 입었는데 긴 모퉁이에서 캐리어를, 캐리어를 들고 차 진입하지 못하도록 방지하는 기둥 세우는 데 앉아서 나를 쳐다보고 있더라구요. 근데 반가웠는데, 지금도 제가 바쁘지만 그때도 늘 바빴어요, 교회 일 때문에, 도서관 일 때문에. '엄마가 바쁘니까 잠깐 갔다 와서 너 태울게' 하고 간 거예요. 일어나 가지고 이 꿈 때문에 내가 '잠수사들이 아이를 그냥 지나치는 건 아닐까' 무섭더라구. 한편으론 아이가 올 것 같더라구요. 그래서 그다음 날 새벽에 일어나자마자 밥을 먹고, 깨끗이, 그때까지 제대로 씻지 못했는데 처음으로 인제 제대로 씻고 나오니까 연락이 왔더라구. 예은이 왔다고. 너무 미안했어요. 다른 엄마들은 거기서 기다리는데 따뜻한 집에서 기다리는 게 너무 미안하더라구.

근데 4, 5일 지나서부터 유전자 검사가 엄격해져서 예은이가 그날은 못 올라왔어요. 그다음 날 올라오게 되었는데 자리가 없더라구요. 장례식 자리가 없어서, 그래서 그날 무리해서 하면은 그때가 목요일 금요일인가 그러니까 2일장밖에 못 하는 거예요. 왜냐면 저희는 기독교 신자라 일요일 날에는 발인을 안 하거든요. 그게 너무 싫더라구요. 충분히 아는 사람하고 인사를 하고 가게 해주고 싶더라구요. 그래서 애 아빠보고 "그러면 자리 생긴 다음에 하자, 여기 말고 다른 데 먼 데 가서 하지 말고 집 앞에 있는 데서 하자". 만약에 그날 하게 되면은 목요일 밤에 왔는데 목요일 밤에 와서 장례를 시작하면 금요일 날 하루밖에 못 보는 거잖아요. 토요일 아침 일찍 가야 하니까. 금요일에 시작하면 금, 토, 일하고 월요일에 발인하는 거니까 "오늘 하루 보관하고 있다가 내일 시작하자" 그렇게 이야기를 했죠. 그래서 목요일에 왔는데 애를 보려니까 못 보게 하더라구. 그것도 원망이 돼. 어떤 모습이든 엄마가 봤어야 되는 건데. 뭐 관 앞에서 오열을 하고 있는데 애 아빠가 못 보게 하고 끌고 가더라구, 보지 말라고.

아휴, 그래서 냉동고 앞에서 쭈그리고 앉아 있다가, 어머님이 가자고 끌고 가가지고 집으로 왔죠. 와서, 아아 뭘 할 수 있을까 고민하다가, 아이들이 예은이에 대해 부분적으로 다 알고 있으니까, 예은이 성장 과정을 사진으로 편집해서 장례식장에 틀어주고 싶다 생각이 들더라구요. 집에 와가지고 미친 듯이 사진을 모아서 가장 예은이다운 사진으로 4, 50장 모아서, 영상 만들기 그런 건 잘할지 모르지만 서툴게 처음으로 영상으로 만들어서 예은이가 좋아했던 음악 깔아서 그렇게 해서 영상을 만들었어요. 만들어서 장례 시작할 때 그걸 계속 틀어놨죠. 그래서 문상, 사람들 올 때 문상받지만 없을 땐 앉아서 아이 모습 보고. 그런데 언니가 인제 그 조의금 문제를 물어보더라구요. 어떻게 할 거냐 물어봐서, 아 조의금 생각지도 않았는데 언니가 "조의금 받아서 나중에 그게 얼만지 액수를 세고 앉아 있어야 하는데 그거 할 수 있겠어?" 그래서, 그때 언니가 그러면 "조의금을 받지 말자" 그러더라구요. 그래서 그렇게 하기로 했는데 잘한 거 같아요. 사람이 엄청 많이 와주셨어요. 정말 옛날 연락도 안 됐던 초등학교 친구부터 시작해서, 중학교 고등학교 친구들, 아무튼 알음알음 거의 뭐 5, 600명 이상은 온 거 같아요. 애 아빠가 또 저 모르게 에스엔에스(SNS)상에서 계속 활동을 했어가지고 아는 분들이 많더라구요. 정치인부터 시작해서 사회활동하시는 분들이 많이 와주셨으니까.

근데 그때 어머님이 예은이가 보던 성경책을 가져오라 하시더라구요. 그래서 처음에 가져왔는데 예은이 게 맞냐고, 근데 저희네 자매가 성경책이 다 똑같이 생겼거든요, 봤더니 막내 걸 가져왔더라구요. "아, 어머니 정말 아니네요. 어머니 내일은 예은이 거 가져올게요". 다음 날 예은이 거 찾아가지고 와서 북끈이 꽂혀져 있는데 펼쳐서 놨더니 스데반의 순교 이야기 장면인 거예요. 제가 순간적으로 성경책을 집어 던졌어요. '하나님, 어떻게 왜 하필 이 본문이냐'고. '우리 아이들은 순교자로 살고 싶은 결의가 있던 아이도 아니고, 정말 마지막 순간까지 자기가 이루고 싶어 하는 꿈 때문에 설레 하던 아이들인데, 어떻게 한순간에 많은 생명들을 거둬가며

이 죽음 앞에 순교라는 이름을 줄 수 있느냐'. 우연인데도 너무 싫더라구. 그래서 그『성경』구절 때문에 한 한 달은 씨름을 한 것 같아요, 하나님하고.

근데 나중에 말씀을 전후를 읽으며 드는 생각은 '아, 아이들이 순교를 당한 게 아니구나' 오히려 '아이들은 예수님처럼 아무 죄도 없는데 죽임을 당한 거고, 이 진실에 대해 순교를 각오하더라도 말해야 하는 사명이 나한테 있구나. 그게 예은이가 나에게 준 숙제구나', 내가 억울하게 죽은 것에 대해 침묵하지 말고 얘기해 달라는 그런 사인처럼 저는 느껴졌어요. 그다음부터 제가 아는 단체에 가서 진실에 대해 이야기하고 글을 써서 아파트 집집이 붙여놓고, 길에서 나누고, 아는 사람에게 미친 듯이 이야기하고. 그렇게 4, 5월이 지났던 것 같아요.

예은이한테는 팽목항에 가보지 못한 게, 처음에는 엄마들하고 말을 못 섞겠더라구요, 부끄러워서. 엄마가 돼가지고. 어떤 엄마가 그러더라고, "아무리 남편이 말리고 시어머니가 말렸어도 니가 미친 듯이 우기고 갔어야지. 엄마가 돼가지고 어떻게 그럴 수 있냐"고 그러더라구. 그런 독한 게 좀 없었던 것 같아요, 제가 너무.

예은이 처음 태어났을 때에도 몸이 안 좋아서 병원에 일주일 입원해 있었거든요. 그때도 의사가 병실이 부족하니까 산모는 퇴원하고 아기는 두고 가라고 했거든요. 그때 울면서 매달렸거든요. 우리가 보기엔 너무 멀쩡하니까, 애가. 괜찮다, 가서 내가 알아서 키울 테니까 알아서 달라고. 근데 법적으로 자기네들이 줄 수 없는 상황이라고 그러면서 간호사가 울면서 안 내주더라구. 그 일주일을 그 병원에 있는데, 가서 보면은 눈물범벅이 돼 있고 여기저기 주사 자국이 있고. 갈 때도, 또 일주일을 그렇게 엄마도 없이 그곳에서 예은이한테 못할 짓을 했어요.

〈비공개〉 장례 치르면서 염을 하는데 그때도 애 아빠가 못 들어가게 하더라구요. 그래서 언니가 대신 들어가 준다고, 언니하고 밑에 동서가 대신 들어갔어요. 그때 올라온 애들 중에 몸이 다쳐서 온 애들이 좀 있었거든요. 유리 파편이 몸에 박혀 있다든지, 어딘가 멍이 들거나 다친 애들이 있어서 그거라도 확인을 해보고 싶어서. 사지 육신이 제대로 멀쩡한지 다친 데가 없는지. 염 다 끝내고 입관하기 전에 갔는데 벌써 다 싸놓아서 손발을 볼 수가 없더라구. 언니하고 동서가 "너무 깨끗하다, 상처 하나 없다". 사실인지 거짓말인지 모르지만 얼굴도 깨끗하더라구요, 상처도 없고. 벌써 인제 며칠이 지났으니 약간 부패해서 군데군데 살짝 멍든 것처럼 퍼런 거 말고 너무 깨끗하더라구.

예은이가 워낙에 하루 시간을 막 쪼개서 바쁘게 사는 애여서, 바쁜데도 늘 자기가 또 해야 하는 거 정해놓은 건 정확히 다 하는 애라, 잘 때 가끔가다 들어가서 보면 굉장히 곤하게 자요. 〈비공개〉 애 아빠가 처음에 예은이 못 알아봤다 그러는데, 딱 보니까 나는 평소에 내가 방에 들어가서, 애 아빠는 주로 애가 씻고 준비하고 그런 모습만 봤으니까, 잘 때 들어가면 봤던 딱 그 모습이더라구. 그냥 말하는 거 같았어요, "엄마 나 너무 힘들었어. 나 그냥 너무 힘들고 무서웠는데 이제 그만 쉴래" 그런 표정이었어요. 정신없는 와중에 교회 집사님이 이쁜 속옷도 사다 주고, 그리고 ○○이한테 예은이한테 주고 싶은 거 없냐고 했더니, 본인이 아끼던 원피스를 하나 주더라구요. 그거 관에 넣어주고 그렇게 해서 화장을 했죠.

추모공원을, 그때 너무 설왕설래 말이 많았어요. "금방 추모공원이 되니까 뭐 임시로 체육관에 놓자" 그런 이야기도 있었어요. 납골당은 싫다 그랬어요. 그러고 추모공원은, 애 아빠도 가까운 데 갖다 놨으면 좋겠다. 한도병원에서 하늘공원하고 그다음에 서호추모공원 두 군데를 소개해 주더라구요. 그래 장례 치르며 검색도 해보고 했는데, 애 아빠는 하늘공원 가자 했는데 제가 싫다 했어요. 제가 아는 분이, 교회 권사님이 하늘공원에 장례식 치르러 간 적이 있거든요. 근데 노지에 그냥 있더라구요, 납골당이. 비바람 다 맞고 찬바람 다 맞고. 그 생각하니 너무 싫더라구. 그러고 뚜껑 열어볼 수도 없거든요. 거기는 완전 돌로 막아놓은 거라 수시로 만져보고 싶어도 그걸 못 하고. "여보, 난 그거 싫다"고 좀 거리가 있어도 해 잘 들고, 교통 IC에서 좀 가깝고 그런 데를 구했으면 했는데, 서호가 IC에서도 가깝고 지대를 보니까 살짝 높더라구요. 남향이고 그늘 안 지고 해 잘 드는 데로 보내자 해서 서호로 보내게 된 거죠. 그리고 나니까 거기 해가 잘 들어서 좋더라구요. 거리가 있어서 자주 못 가는 건 흠이긴 한데.

그때 입관 때 살짝 고민했어요. ○○이하고, △△이, ◇◇이를 언니를 보게 할까 말까. 근데 제가 팽목항에 안 가본 거, 처음에 올라왔을 때 확인 안 한 게, 한이 되었기 때문에 힘들더라도 애들이 봐야겠다 생각이 들었어요. 그래서 애 아빠가 반대하는데 보게 했어요. 〈비공개〉 장례식장에 문상받는 게 싫었어, 솔직히. 왜냐하면 인사할 때마다 아이가 죽은 걸 인정하는 거 같아서 너무 싫더라구. 그냥 빨리 그 꿈에서 깨어났으면 좋겠는데 자꾸만 와서 '이게 꿈이 아니에요, 사실이에요' 확인해 주는 것 같아서 너무 싫었어. 너무 싫었어. 진짜 그 당시에 안산 전체가 캡슐에 쌓인 것처럼 너무나 힘들고 무거웠던 것 같아요, 전체가 도시가.

6
팽목에서 경험

면담자   어머니, 토요일 하루 팽목항에 내려가셨다고 하셨는데 처음 내려가셨을 때 풍경, 인상은 어떠셨는지요?

예은 엄마   저녁에 도착했는데……. 굉장히 춥고 막 시장 같고 사람은 많이 있었는데, 뭐라고 해야 하나 시끄럽고 막 밥 먹기 위해 막 줄 서 있고, 저녁 시간쯤에 왔거든요. 근데 모르겠어요. 뭘 파악하고 어떻게 할 겨를도 없이 굉장히 어수선하고 정신없었던 것 같애. 엄마들이 저기 부두가 쪽에 나와서 앉아 있고, 저도 울다가 막, 그런데 경찰들이 제지해서 못 가겠더라구요. 뛰어들어서 죽어버리고 싶기도 하고, 기다리는 동안엔 이런 생각이 왔다 갔다 한 것 같애. 저번에도 말한 것 같지만 아이가 살아 있기를 간절히 바랐다가, 또 그 시간까지 개가 깜깜하고 추운 데 있는 것 생각하면 또 무서웠다가, 또 얘가 버티고 있는데 내가 그걸 바램[바람]을 놓치면, 그 사실을 애가 왔을 때, 애는 얼마나 슬플까, 미친 듯이 기도했다가 그런 시간들의 연속이었던 것 같애. 누가 찾아오는 것도 싫고, 만나는 것도 싫고 〈비공개〉.

그때는 최대한 평정심을 잃지 않으려고, [평정심을 잃지] 않은 것처럼 애들 학교도 다 이틀, 삼 일 정도만 쉬고 그다음부터는, 그 주간에만 쉬고 그다음 주 월요일부터 보냈거든요. 다 챙겨서 보내고 그랬죠.

아이들이 오히려 더 누가 살아, 누가 수습이 되는지 에스엔에스(SNS)상에서 훨씬 더 빨리 알더라구요. 바로바로 애들이 알려 줬어요. 누구 오늘 올라오고 어느 장례식장으로 가고, 그런 걸 애들이 더 빨리 알더라구요. 자기네들끼리 소통을 하고. 그때 좀 놀랬지.

그때 막 문자 여기저기서 애들 살아 있다는 그런 문자[가] 왔는데 거기 예은이가 있었거든요, 명단에. 식당 쪽에 살아 있다고, 명단에 예은이가 있었어. 처음에는 그 생존자 학생들 나올 때도 교회 집사님이 예은이랑 똑같이 생긴 애가 차에서 내린대서 그때도 좀 기대했거든요. 예은이가 수영을 잘하고 물을 좋아해서, 그리고 뭐든지 악착같이 하는 스타일이라, 아무튼 열심히 뭐든지 하는 스타일이라. 그리고 성격이 밝아서 '어딘가에서 살아남아서 아이들에게 격려하고 이끌고 있을 거다', 그렇게 생각을 했죠. 늘 얘는 '괜찮

예은 엄마 박은희

아, 잘될 거야', 그게 박힌 애니까. 근데 명단에 있으니까, 그것도 ○○이가 먼저 입수를 해가지고 예은이 나올 때까지 ○○이 잠을 안 잤어요, 안 잤어. 계속 서핑해서[인터넷에서 자료 찾아서] 하나라도 애들에 대한 소식 들으려 미친 듯이 계속 스마트폰만 붙들고 있었을 것 같애.

면담자　　나중에 예은이 찾은 곳은 식당 쪽인가요?

예은 엄마　　아니었어요. 아니고. 3, 4반이, 3반이 가장 끝 오른쪽 방을 썼거든요. 후미 뒤쪽 선미, 선미 오른쪽 방, 그쪽에서 발견이 됐어요. 그러니까 사진에서도 보면 3반 애들이 복도에 다 나와 있어서 찍은 사진이 있거든요. 영상, 예슬이가 찍은 거, 거기 예은이가 없었거든요. 예은이랑 예진이, 시연이, 그런 애들이 없었는데. 근데 마지막으로 나온 사진 중에 그 예은이가 방에서, 그때는 주이도 안에 있었는데, 그런데 보니까 애들이 복도에 있다가 좌측 좌현부터 침수돼서 물이 밀려와서 우측으로 다 올라갔더라구요. 그쪽에 애들이 엉켜 있었던 것 같애. 거기서 나왔어요.

면담자　　기사 중에 찾아보니 아버님이 예배 때 얘기하셨던 것 중에 마지막에 아이들이 모여서 기도하던 영상 이야기하시는 걸 봤는데, 혹시 그 영상을 보셨나요?

예은 엄마　　시연이가 찍은 것. 시연이가 9시 몇 분이더라, 9시 중반 때 찍은 거…. 나중에 봤죠, 그런 건, 다. 시연이가 우리 반인지도 몰랐으니까. 나중에 봤죠.

가족 친지들의 진상 규명 활동

예은 엄마   나중에 5월 달에 가족들 전체 팽목 내려갈 때 그때 처음 만났으니까. 서로 잘 안 친해서 모르지 뭐. 중학교 때는 몇 번 학교를 갔는데, 고등학교는 다 컸다고 생각하고, 저는 부모가 관여하는 걸 안 좋아해서 [학교에 안 갔어요]. 애 아빠는 "운영위원이라도 들어가라, 학교 돌아가는 상황을 정확히 알아야 한다" 충고를 했는데, 저는 좀 틀려서, 저는 부모가 너무 이렇게 영향력을 행사하고 하는 부분에 대해서 안 좋아했거든요. 그런 부분이 미안하죠, 애 아빠한테. 애 아빠는 단원고 보내는 거 원치 않았거든요. 〈비공개〉 근데 예은이를 위한다고 한 거였는데…… 가끔 그런 생각을 해요, '내가 애 아빠 말 듣고 □□고를 보냈으면 예은이나 ○○이 친구들이 이렇게 많이 쓰러져 갔을 때 난 무엇을 했을까' 그런 생각들을 하죠.

인제 시동생이 일주일 동안 하루도 안 올라왔어요. 저희가 밑에 동생이 둘인데 큰시동생은, 바로 밑에 시동생은 목회를 하니 주말에 잠깐 올라왔고, 막내 시동생하고 사촌 시동생하고 사촌 아주버님하고 그렇게 세 사람이 계속 있었거든요. 특히 사촌 막내 시동생은 바지선에서 살았어요, 거의. 저희랑 별로 안 친하거든요. 명절에 한 번 보는 관계인데, 애 아빠가 운영하는 회사에서 일하면서 애 아빠랑 그래도 가까워졌나 봐요. 사촌 간이기도 하고 너무 고맙더라구요, 너무 고맙더라구요. 그래서 예은이 오는 날 사촌 시동생이랑 우리 막내 시동생이랑 펑펑 울더라구요. 와가지고 "형수님 죄송해요, 예은이 이왕이면 살려서 데리고 왔어야 하는데 너무 죄송해요" 그렇게 울더라구. 고맙죠, 고맙죠.

막내 시동생이 예은이 이뻐했거든요, 성격도 비슷하고. 그래서 지금은 그 사촌 시동생하고 많이 친해졌어요. 그리고 지금 진상 규명 관련해서 자주 와요. 거기서 자주 봤으니까. 초기에 어떤 대응들을 했는지 해경들이 어떠한 짓을 했는지 다 봤거든. 그래서 초창기에 저쪽에 따로 사무실, 막내 시동생이 따로 방 구해주더라구요. 거기서 '뉴스타파'라든지 '팩트티비'라든지 이런 팀들이랑 영상 보고 자료 보고 그런 작업들을 했더라구요. 고맙죠, 동서들한테 굉장히 미안했죠. 나중에 동서들, 그래서 한동안 안 보고 그랬어요. 불편하고 그러더라구요. 집안일도 팽개치고 회사일도 안 하고 거의 매달렸으니까.

면담자   예은이 이모님도 피케팅 좀 나오시고 가족들이 같이 많이 하시는 거 같던데요?

예은 엄마   예, 저희 많이 하죠. 감사해요. 다른 가족들이 많이 부러워해요. 뭐 한번 나가면 기본이 저 나가죠, 애들 가지, 시동생 둘 나가지, 사촌 시동생 가지, 어머니는 항상 꼭 나가시지, 또 언니랑 형부도 나가니… 그러니 기본이 10명 가까이 되니까 부러워하지. 언니는 처음에는, 지금도 ≪조선일보≫만 보고 있지만, ≪조선일보≫만 보고 다 그렇게 고런 삶만 살던 사람이었는데……. 그때도 말씀드렸지만 서명받아서 국회에 간 날, 언니가 동네에서 500명을 받았거든요, 혼자서 굉장히 많이 받은 거. 자기가 만분의 일이라도 하겠다. 1000명을 받겠다고 했는데 500명을 받았는데. 그 받은 서명지 내고 뿌듯해서 국회 전달하는 날 갔다가 어머어마하게 많은 기자들을 본 거예요. 그래서 굉장히 뿌듯해했고. 근데 그날 저녁에 집에 갔는데 방송 3사에서 그 어떤 방송도 방영하지 않는 걸 보고 언니가 거기서 완전히 깬 거죠. "아, 이거는 말도 안 된다. 은희야, 니가 무슨 일을 당하는지 내가 알겠다. 니가 말했던 언론이 얼마나 문제가 있는지 알겠다".

그래서 그다음부터는 언니가 '팩트티비', '뉴스타파' 이런 거, 저보다 더 열심히 봐요. '4·16TV', '김어준의 파파이스'는 나중에 한 회도 안 거르고 다 꼼꼼히 챙겨 보고 그러면서 서서히 알게 된 거죠. 너무 많은 것들이 가려지고 [있다는 것을]. 그다음부터는 가만히 있을 수 없게 된 거죠, 알게 됐으니까. 교회에서는 여전히 가만히 있으라 하니 거기에서 뛰쳐나온 거죠. 처음에는 형부나 거기 조카들하고도 갈등도 있고 했는데, 형부도 언니 따라서 몇 번 시위 현장 나왔다가 그걸 다 봤어요. 그러고 형부도 언니만큼은 아니지만 이 일에 뭔가 문제가 있다는 걸 알았죠. 지금은 고향이 강릉이에요, 굉장히 보수적인 지역인데… 거기서 누가 안 좋은 이야기하면, 형부가 "사실을 제대로 몰라서 그런 거다" 막 혼내기도 하고 그런다구요. 감사하죠.

동서들도 처음에는 참 서운해하고 그랬는데, 이제 어느 정도 시간이 흐르면서 안 좋은, 안 좋게 왜곡된 기사도 많이 나갔지만, 또 반면 그만큼 진실도 많이 알려졌기 때문에 당연히 해야 할 일이고 또 남편들이 도와준 것에 대해 당연하게 생각하는 것 같애. 어머님 같은 경우에는 대통령 선거 때도 막내아들이, "내가 살 나라니까 나 위해 제발 2번 찍어달라" 했는데도, 약속해서 가서 1번 찍으신 분이거든요. 어머님도 그 부분에 대한 죄책감이 있으세요. '내가 한 나라 지도자를 잘못 뽑아가지고 내 귀한 손주 잃었구나', 그것 때문에 굉장히 저희 어머님도 그 일로 SNS를 굉장히 열심히 하시거든요, 저보다 더. 일 되어가는 과정도, 소식도, 저보다 더 빠르시고, 워낙에 머리가 좋으신 분이라.

8
신앙인으로서의 참사에 대한 해석

면담자   예은이가 마지막으로 읽었던 『성경』 구절 그 부분 이야기하시며, 이거를 계속 생각하고 풀어나가는 데 한 달 정도 걸렸다고 이야기하셨는데. 그 과정의 고민들, 아니면 시간들을 주로 어떻게 보내셨는지요.

예은 엄마   하나님과 끊임없이 대화를 하는 거죠, 속으로. 그리고 그 당시에 목사님들 가운데 아이들을 그런 식으로 해석한 분들이 많았거든요. 사건에 대해서 '하나님은 말도 안 되는 이 세상에 정말 이 순결한 아이들을 순교자로 쓰신 거다'[라고] 해석하신 분들이 많았거든요. 거기에 대해서 '그거는 아니다'라는 그런 내 안의 확신이 있었기 때문에, 그러면 '이 말씀을 나는 어떻게 해석해야 할까', 말씀을 계속 보고 읽고, 읽고 또 읽고, 또 하나님한테 묻고 그랬던 거죠. 근데 그러다가 앞에 있는 말씀들을 보게, 복음서들을 읽게 되었는데. 복음서를 읽었는데 그러다가 고난당하는 예수님 모습에 우리 아이들이 오버랩이 되더라구요. 그리고 예수님에게 보통 대속이라는 말을 쓰거든요. 대신 제물이 되었다 이야기하는데, 그게 뭐 하나님이 계획해서 이 사람을 물론 『성경』에서 예수님의 고난에 대해 그렇게 해석하지만, 이게 내가 잘못해서 내가 벌을 받는 것도 가능하지만, 내가 잘못하지도 않았는데 다른 사람의 잘못을 엉뚱한 사람이 받을 수도 있다는 것을 보여주는 게 예수님의 죽음이라 생각이 들더라구요. 그만큼 '죄를 짓는 게 무서운 거구나', 이게 뭐 아무튼 아무 죄도 없는데 애들이 죽은 거잖아요.

물론 사회 구조적 악도 있지만 예수님도 유대교 지도자들이 죽이려 하니 죽은 거잖아요. 너무 그 죽음이 닮아 있다 생각이 들더라구요. 그래서 그다음부터는 '내가 스데반이 되야겠다'는 그런 생각이 들었어요. '내가 스데반이 되야겠다' 정신이 좀 들었죠, 그때. 더 열심히 하려는 의지도 생기고, 근데 초기에는 애 아빠가 워낙 언론에 부각이 돼가지고 최대한 뒤에 숨으려 노력했어요. 안 움직이고. 왜냐하면 모든 화살이 애 아빠한테 오니까 염려가 되더라구. 〈비공개〉 굉장히 초기엔 조심스러웠죠, 뒤에서. 지금도 조심스럽지만…… . 도우는 역할만 하는 거죠.

근데 지난주에, 지지난주, 계속 목사님들은, 제가 이렇게 저는 아이들의 죽음을 예수님의 죽음으로 그냥 대입시켜서 그렇게 저절로 해석이 되는데, 목사님들은 늘 설명을 하니까. '예수님의 죽음에 비하면 아니다' 그런 식으로 이야기를 하시더라구요. 그게 굉장히 잔인한 거 같애. 한 사람 한 사람의 고통의 깊이를, 그 사람에게 그 순간만큼은 최고인 거거든요. 예수님의 죽음과 유대인 학살을 거론하면서 거기에 비하면 우리의 아픔은 훨씬 낫다고 이런 식으로 이야기하시더라구요. 어떻게 그런 해석이 가능한지, 모르죠. 저도 이 일이 있기 전에는 그런 생각을 했을 수 있겠다 싶더라구. 근데 이제는 그런 생각을 했다는 거 자체가, 내가 했다면 그건 굉장히 부끄럽고 그건 잔인한 거다 생각이 들어요. 근데 교회에서 그런 실수들을 제일 많이 만드는 것 같아요. 아픔을 두고 어느 게 더 크고, 작은 아픔인지 그런 이야기를 하고. 또 '이 일은 하나님이 이미 계획하신 일이다'라고 아무렇지 않게 이야기하고. 하나님이 굉장히 잔인하고, 말도 안 되는 사악한 사람으로, 사악한 신으로 만들더라구요. 그럴 거라면 하나님을 왜 믿어. 말도 안 되지. 가족들이『성경』보며 느끼는 것은,『성경』속의 하나님이 그런 하나님이 아닌데.

면담자   어머니, 그 실제로 너무 힘들게 되면 놓게 되거나 원망하게 되는 게 강하잖아요. 계속『성경』을 읽고 다시 질문하고 답하고 대화하고 이런 것들을 계속하시게 되는 것이, 저는 되게 좀 궁금한데요.

예은 엄마　　모르겠어요. 저는 신앙생활 했던 사람이고 결판을 내고 싶은 거죠. '과연 이 하나님이 내가 믿을 만한 하나님인가? 이런 고난 가운데에서도?' 근데 말씀에 나와 있는 하나님은 이전에는 전지전능한 하나님으로, 예수님 같은 경우에도 전지전능한 신적 능력을 가진 사람[이]지만, 그분이 예수님, 하나님이신데 '이 현장에서 지금을 살아가는 우리에게는 전지전능한 하나님은 없다'라고 봐요. 어쩌면 니체의 '신은 죽었다' 표현이 맞을 수 있는 그런 생각이 들더라구요.

　　대신에 말씀을 통해서 하나님이 보여주시는 의지, 한 인간으로서 우리가 어떻게 살아야 하는지, 그것도 어떻게 보면 우리 안의 하나님의 형상과 맞닿아 있거든요. 하나님이 원하는 삶, 결코 불의와 타협하지 않는, 끊임없이 제물과 하나님 사이에서 결단하기 촉구하는 모습, 그게 하나님의 모습이고, 하나님이 원하는 삶이고, 내가 걸어야 하는 삶이고. 만약 그런 기준이라면, 지금 내가 해야 하는 거는 불의 앞에서 가만있지 않는 거고, 진실을 밝히려는 노력을 끊임없이 이어나가야 되는 거고. 그 예수님이 '내가 길이요 진리요 생명'이라 그런 말을 하셨거든요. '이미 하나님이, 예수님이 걸어가신 삶이 나에겐 길로 이미 놓여져 있기 때문에 나에게 어떤 방법을 달라고 기도할 필요가 없다. 그 방법대로 난 그냥 살아야겠다' 그런 생각이 들더라구요. 더 이상 아이처럼 '이거 해주세요, 저거 해주세요' 이런 신앙, 글쎄요. 말씀 속에 봐선 별로 맞지 않는 것 같아요.

　　그래서 어떻게 생각하면 참 이런 일을 겪고 이××기자도 뉴스

앤조이, 지금 CBS로 갔지만. "어떻게 교회로 가세요?" 저보고 그러시더라구요. "그러게요", 아이들에게 설교할 때도 조심스럽죠. "하나님은 널 지키시는 분이야. 기도하면 다 들어주셔" 그렇게 설교를 못 해요. "하나님은 함께하시는 분이야"까지는 할 수 있어요. "니가 고통 가운데서 쓰러지지 않도록 지켜주시는 분이야"라고는 이야기할 수 있어. 니가 고통받지 않게 무슨 로봇처럼 막아주시는 분은 아니라고 이야기해요. 예배 때도 아이들한테 설교 때도. 왜냐면 십자가를 통해서 분명히 보이신 거라고 봐요. 아들도 십자가에 매달려 있는데.

근데 그런 죽음의 두려움 앞에서 끝까지 하나님의 뜻을 선택한 그 삶처럼, 모든 사람들이 그렇게 살았다면 이 모양 이 꼴이 안 됐겠죠. 너무나 다들 먼저 기었기[굴복했기] 때문에 이렇게 된 거예요. 그래서 그다음부터는 『성경』 말씀을 읽으면 그 말씀들이 다시 새롭게 그냥 튀어서 튕겨 나오는 것처럼, 예수님이 때로는 호통도 치시고, 그냥 그런 말씀들과 만나게 되더라구요. 그래서 더 여유를 가지고 싸울 수 있는 힘이 되었던 것 같애, 저한테는 오히려. 예수님이라면 더 과격하게 싸우셨을 거야. 여기 예배 함께 드려주시는 목사님들 중에 '싸움꾼 예수님'이라고 이야기를 하는데, 싸워야 할 때는 싸워야 하죠. 그리고 이게 하나님의 뜻이라는 확신이 서니까, 그다음부터는 두려움도 좀 걷히고 덜, 덜 버거워졌죠.

면담자   오늘 여기까지 하겠습니다. 수고하셨습니다.

3회차

2016년 3월 22일

1
시작 인사말

면담자　　　본 구술증언은 4·16 사건에 대한 참여자들의 경험과 기억을 기록으로 남김으로써 이후 진상 규명 및 역사 기술에 기여하고자 합니다. 지금부터 박은희 씨 증언을 시작하겠습니다. 오늘은 2016년 3월 22일이며, 장소는 안산시 정부합동분향소 내 기독교 예배방입니다. 면담자는 김향수이며, 촬영자는 김솔입니다.

2
최근 근황 및 활동

면담자　　　어머니, 저희가 지난주 목요일 날 뵙고 5일 만인데 그동안 어떻게 지내셨는지요?

예은 엄마　　　그날, 예은이 이야기를 많이 해서 그런지, 그다음 날 꿈에 예은이가 나왔더라구요. 그런데 너무 선명하게……. 그런데 예은이는 매번 꿈에 나올 때 말을 안 해……. 소리가 없어……. 목소리는 들을 수가 없는데, 그때도… 말은 안 하고 그냥 웃으면서 평소 그대로 뭐 집에서 이렇게 왔다 갔다, 인제 걸어 다니는 건데…. 너무 생생하니까 그 순간만큼은 그게 현실 같더라구요. 그래서 우리가 알고 있는 현실, 그때는 이게 악몽인 거죠, 저한테는. 이 악몽에 관해서 예은이가 알게 될까 봐 굉장히 두렵더라구요. 그래서 막 불안불안한 마음, 반가우면서도 혹여 이 사실을, 자기가 이 세상에 없다는 걸 애가 알까 봐 굉장히 조심스럽… 그래서 좀 힘들었어요, 며칠은… 보고 싶고. 그리고 그냥 부모들이 그래요. 아이들을 꿈에서라도 꿈에서만이라도 만나기를 굉장히 바라는데 보고 난 다음에는… 물론 매번 모습이 좋은 모습이지만, 그래도 인제… 몸살을 하는 거죠. 보고 싶어 가지고. 그랬어요.

그렇게 하고 지난주엔 뭘 했나… 지난주에는 데이터 정리를, 이제 대협 분과 데이터 정리는 다 완료를 했고, [4·16]기억저장소는 데이터가 너무 없어서 제가 정리할 게 없고(웃음). 거기 기록을 전담하시는 분들인데 기록을 안 해놨어. 그래 가지고 진짜…… 기억저장소 그 '기억과 약속의 길' 오신 분에 대한 데이터가 너무 체계화가 안 되어 있어 가지고. 그리고 부탁은 드렸고, 그다음 작업은 회계. 작년 1년 동안 이제 뭐 기독교 부스 운영하면서, 그리고 식당 운영하면서 들어가는 회계 부분. 물론 뭐, 제가 그걸 갖고 있진 않지만 그 회계를 좀 분석할 필요가 있겠더라구요. 그래서 기독교 부스를 통해서 협회로 얼마만큼이 기부금이 들어갔는지, 어떤 역할을 했는지에 대한 자료가 필요할 거 같아 가지고 했는데… 꽤 많이 있더라구. 아, 기독교 부스가 그래도 1년 동안 가족협의회를 돕는 역할을 좀 많이 했구나. 요거는, 자료 정리한 걸, 제가 엑셀을 배운 적이 없거든요. 이번에 처음으로 이제 엑셀로 별의별 걸 다 하는 거죠. 진상분과 자료들 정리하고, 그래서 회계 업무, 그래서 항목별 데이터를 뽑아보니까, 항목별로, 항목별로 월별로 어떤 추이가

예은 엄마 박은희

있는지, 어디가 더 많이 인제 지출이 됐는지, 주로 어디서 수입이 들어오는지 그런 거 분석이 되더라구요. 그리고 향후에 어떻게 이 예산들을 써야 될지에 대한, 그런 밑그림을 그려봤…….

그리고 이제 지난주에는 '기억과 약속의 자리', 기억의 자리를 각 도서관별로 갔거든요. 책상 하나, 걸상 하나 처음에는 지역의 도서관들이 신청을 안 해가지고, 제가 좀 속상했어. '아 이분들이 이렇게까지 관심이 없을 수 있나?' 근데 좀 더 이제 자세하게 설명을 해드리고. 몇몇 도서관들이 이제 신청을 하니까 다른 도서관들도. 처음에는 그 반 책걸상을 다 가져오는 걸로 착각을 하시더라구요. "그게 아니고 한 반을 대표하는, 상징하는 책상 하나 걸상 하나 고것만 받는 거다. 그리고 거기 위에다가 각 도서관에 맞게 꾸미시면 된다. 기본적으로 이제 사진이나 인형, 방명록 정도는 가고. 거기다 꽃을 놓는다든지 추가로 더 사진을 구비해서 놓는다든지" [하는 거라는], 그런 안내를 드렸어요. 10개 도서관이 이제 신청을 완료를 해서 작년에 다 작년에, 지난주에 다 분양을 한 거죠. 분양을 다 해서 갔고, 생각보다 도서관별로 예쁘게 잘 가꾸시더라구요. 그래서 감사하고.

또 도서관별로 또 부모님들 초청해서 같이 뭔가 자리를 마련해 보면 어떨까 제가 제안을 했는데, 지금 한 대여섯 도서관에서 신청을 해주셨어요. 그래서 이제 고걸 부모님들하고 잘 연결을 해서 밖으로…… 간담회는 부모님들이 굉장히 부담스러워하지만 그냥 가까운 곳에 수다 떨러 가는 건 할 수 있거든요. 그래서 지금 2반, 8반,

그다음에 5반, 4반, 6반 이렇게 정도 되고, 그 반은 잘 연결해서 갈
때 부모들이 아이들 사진이나 유품이나 이야깃거리들을 들고 가면
되는 거죠.

　어떻게 보면 원래는 기억저장소가 그 역할을 했었어야 했는데
지금 그 역할을 할 수 있는 상황이 안 되고, 아직 못하고 있잖아요.
그래서 그런 식으로 시도를 해보려구요. 그래서 부모들이 아이들
직접 유품이라든지 그런 걸 가져가서 그걸 보여주면서 얘길 시작
을 하는 거죠. 아이의 이 물건에 대한 이야기를 하면서 그날의 이
야기를 하고, 어떤 지금 현재 현안에 대한 이야기까지 가도 좋지만
그것까지 어렵더래도 그냥 우리들에 대해서 갖고 있는 선입…관?
'쟤들 엄청 질긴 애들이야' 하면서 '몇 번 싸우러 서울 올라가더니
지네들이 뭐가 된 줄 알아' 막 이런 식으로 색안경을 끼고 많은 시
민들이 보고 있잖아요. 그런데 그런 대화 모임을 통해서 '아, 이들
을[이] 평범한 우리 이웃이구나' 하는 거 정도를 봤으면 좋겠어요.
그래서 고 부분을 다음 주부터는 준비해서 연결시켜서 일을 진행
해 보려고 계획 중이에요.

면담자　　　　그럼 책상과 걸상은 원래 교실에 있던 거를…….

예은 엄마　　　아니 그렇지 않아요. 그걸 많이 물어보시더라구요.
그런데 용인에서 하던 걸 가지고 오는 거예요. 그런데 용인은 성남
에서 어디서 정리하는 걸 받은 거구요. '광림교회', 그 '이야기숲도
서관'에 가져갔더니 거기서도 관계자분이 "그럼 교실 다 **뺐**냐"고

물어보시더라구요(웃음). "그건 아니고 용인에서 하던 걸⋯⋯". 그런 내용들을 저희가 이제 안내글을 책걸상에 다 부착을 해놨어요. 그래서 용인에서 어떤 뜻으로 [했는지]. 왜냐면 교실의 의미도 거기 다 담았거든요.

뭐 '기억과 약속의 길'에서 1000명이 다 다녀갔고 그 사람들이 다 이구동성으로 하는 말이 "자신들을 위해서 이 자리를 잘 보존해 달라"고 한다. 왜냐하면 4·16 참사 당시에 가졌던 그런 마음들이 너무 희미해져 버리면은, 이 자리를 와서 새롭게 그 마음들을 끌어낼 수 있고, 또 추상적으로 숫자로 생각했던 것보다 현장에 왔을 때 느끼는 어마어마함? 이 참사가 얼마나 잔혹하고 컸던가에 대한 것들, 그분들이 느끼고 돌아갔다. 그런 간단한 걸 싣고. 그리고 그다음에는 그때 왔던 분들 중에, 용인분들이⋯⋯ 지역분들 가운데 여기까지 참여해 오지 못하는 분들을 위해서 이런 자리를 마련하게 됐다. 그런 이야기들⋯⋯. 그래서 '안산 시민들도 거기 오면 교실을 우리가 지키려고 했던 의미를 그 자리에 앉아서 그대로 보면 좀 알 수 있지 않을까' 그런 마음으로 준비를 한 거예요.

면담자   용인에 처음 만들어졌을 때 그럼 한번 방문을 해보셨나요?

예은 엄마   아니, 저는 못 했어요. 시간이 못 돼서 저는 못 했고 저희 언니가 갔다 왔었어요. 언니가 갔다 와서 좀 아쉬움을 얘기하더라구요. 생각보다 거기는 도서관들이 좀 작은데 안산이 오히려

도서관들이 좀 잘되어 있어요. 그러니깐은 인프라는 인력은 거기가 더 좋은데, 안산은 늦게 시작한 만큼 공간이 훨씬 더 낫거든요. 그래서 더 낫고, 그리고 내용 구성이 거기는 가지고 있는 [기록은] 가족, 학생들, 형제자매들, 학생들 사진밖에 없는데 저희 가족들은 사진이 많잖아요. 그래서 그런 것들을 방문할 때 들고 가서 거기다 첨가를 좀 한다든지, 엄마들이 많은 물건을 갖다 났다든지 그럼 더 풍성해질 거 같애.

그리고 대화모임을 기점으로 해서 나중엔 정기적으로 엄마들이 가고, 거기서 뭐 같이 만들기 작업을 한다든지. 서로에게 좋죠. 도서관이라는 곳은 사람들이 들고 나야지 생명력이 있는 곳인데……. 어찌 됐든 또 다른 그룹, 세월호 희생자들이 그 도서관을 들고 난다는 거는 도서관 입장에선 굉장히 좋은 거거든요. 도서관의 가장 큰 역할은 소통이거든요. 책을 통해서 또 다른 세상과의 소통이기도 하지만 지역 안에서 지역 주민들과의 소통인데, 그 역할들을 도서관이 할 수 있는 거죠. 그래서 그런 식으로 한번 가보려고……. 원래 2주기까지를 생각하고 있는데, 2주기 이후에 또…….

아무튼 그렇게 보냈어요, 지난주는. 굉장히 그래도 우려하고 시작을 했는데 도서관마다 반응도 좋고. 그러고 괜찮은 거 같애요. 그래서 다행이다 싶더라구요.

면담자   바쁘게 보내셨네요.

예은 엄마   네, 바쁘네요. 막내 생일도 있었고. 그러네요. 그리

84

예은 엄마 박은희

고 수요일 날 성경읽기 모임에는 '오늘은 화요일이니까 아니구나'

2주기 되면서 인터뷰 오거나 촬영 오는 팀들이 많아요. 그리고 인제 기독교 계통에서, 여기 기독교 부스 거기서…… 광화문에서 문화제, 기독인 문화제 하시는 분들이 계속 지금 3주째 오고 계시고, CBS에서 지금 계속 오고 계시고. 그래서 어떻게 2주기 지나가면서, 신앙적인 부분에 있어서 어떻게 해석들을 하고 살아가시는지에 대한 것들을 담아 간다고 하더라구요. 〈비공개〉

3
KBS 항의 방문

면담자　　　그럼 질문으로 들어가면, 어머니 지난 2년이죠. 2년 동안, 도보순례나, 농성들, 간담회나 여러 가지 활동들이 있었잖아요. 그중에 좀 기억에 남는 일화, 남기고 싶은 일화가 있으세요?

예은 엄마　　　많죠. 음… 처음에 분향소가 차려졌을 때, 대기실이 저 위치가 아니었어요. 분향소 뒤쪽에 있었어요. 그래서 가족들이 막 항의를 했죠. "우리가 무슨 죄인이냐?", "우리가 상주인데 앞에 있어야지" 앞에서 뭐, 그 업체나 아니면 안산 시민들이 다 막 그거 [자원봉사 부스] 하고 가족들이 있으니까. 물론 배려 차원에서 그랬겠지만 가족들이 막 누가 왔다 가는 걸 봐야 되니까 "우리 분향소 대기실 위치 바꿔달라" 막 이야기가 오고 가던 중에, 박근혜 대통령이 왔죠. 저희는 뒤에 있어서 못 봤어요, 오는 거를. 몰래 왔다가 그 유명한(웃음) 그림을 그리고, 장면을 딱 그리고 도망치듯 가는데, 가족들이 알아서 막 우르르 막 뛰어나갔었어요. 그러고 나서 대통령하고 얘기도 못 하고 그러고 왔지. 웅성웅성댔죠. 뭐, 대통령이 어떻게 몰래 왔다가 얘기도 없이, 못 하고 그러고 갔죠. 그러면서 와가지고 사진만 찍고 갔다고. 그때부터 시작이죠, 연출이.

그러고 나서 대기실을 이쪽으로 옮겼어요. 옮기고 그러고 나서 이제 저희가 한 5월 중순인가 말부터, 처음에는 여기서 피케팅, 부모들이 몸 자보 형식으로 들고, 교대로 서 있는 걸 했고, 그러고 나서 그다음부터는 서명을 출구에서 받기 시작했죠. 경미 아빠가 처음에 제안을 한 거였어요, 서명을 받자. 애썼죠, 경미 아빠가 초기에. 지금은 일 때문에 거의 못 나오고 계시거든요, 해외로 가서. 그래서 그때 기억이……. 복사하기가 정신이 없었어요. 그 복사를 해 대느라고. 그러다가 나중에 저도 얘길 하고 몇몇 사람들이 이렇게 양이 많은데 복사기로 하지 말고 인쇄를 하자. 그래서 '아, 맞다! 인쇄'(웃음) 그래서 이제 인쇄를 해가지고 와서 시작을 했죠.

그리고 그때 KBS에서… "까만 옷 입지 말라, 노란 리본 달지 말라", "1년 동안 교통사고로 죽은 사람의 숫자를 합하면 더 적은 숫자다" 이런 말을 했죠, 보도국장이. 그래서 그래 가지고 한밤중에 부모들이[에게] 단톡이 가고, 한밤중에 우르르 나온 거죠. 나와서 공개 사과를 요구하기 위해서, 그때 인제 가게 된 거죠. 그래서 그때 이제 빛나라 아빠가 위원장이었을 땐데, 빛나라 아빠가 그런 건 잘했어요. 약간 이렇게 저돌적으로? 〈비공개〉 그냥 단 위로 올라가더니 사진 들고 내려오더라구요, 빛나라 아빠가. 다 들고 그냥 가자고, 그냥 지금. 그래 가지고 그때, 급하게 이제 부모가 서울 올라간 거죠.

애 아빠가 말리더라구요. 한 사람은 있어야 되지 않냐. 자기 갈 테니까 여기 있으라고. 아니다. 저는 그때 팽목에 제가 못 내려간 거에 대한 죄책감이 너무 컸기 때문에, 엄마로서 뭐라도 하고 싶었기 때문에 그때 사진을 안고 올라간 거죠. 그런데 지금은 날이 많이 따뜻해졌지만 그때 굉장히 추웠어요. 추워 가지고 바르르 떨고 그랬는데, 놀라운 게 안산 시민들이, 시민활동가들이, 지금 생각해 보니까 안산에 활동하시는 분들하고 '엄마의 노란손수건' 팀들이더라구요. 그분들이 이제 같이 쫓아와서 도와주고, 또 서울에 있는 시민들이 막 와서 도와줬어요.

그게 조금은 감동적이었어요. 가족들 입장에서는 '와 굉장히 진도에서, 분향소에서 굉장히 고립감을 느꼈는데' 우리와 함께해 주는 사람이 있다는 거를 그때 처음 알았죠. 그래서 길바닥에 앉아 있는데 어느 순간에 돗자리들이 공수가 되고, 그때 진짜 그랬어요. 움직이면 어느 순간에 음료수가 와 있고, 어느 순간에 핫팩이 와 있고, 어느 순간에 그거는 단체에서 가지고 온 것도 있지만 시민들이 그냥 자발적으로 가져온 게 굉장히 많았어요. SNS가 발달돼 있어 가지고 저희가 이동할 때마다 그게 바로바로 떴으니까.

그때 KBS 방송국 앞에서 농성을 벌이고 소리를 지르고, 빛나라 엄마는 또 막 몰래 건물 안으로 들어가 가지고, 스프링클러 스위치 켜가지고 물난리⋯⋯(웃음). 막 그러고, 극도로 화가 나 있었죠. 그래도 나오지도 않고, 그때 방송국 위에서 사람들이 창문 틈으로 팔짱 끼고 저희들을 [구경하듯] 바라보는 그 모습이 잊혀지지 않아요. 그리고 중간층에 이렇게 겉으로 나올 수 있는 베란다처럼 이렇게 공간 있었는데 거기 이제 나와서 쳐다보는, 담배 피면서 실실 웃는 모습까지도 봤거든요. 그때부터⋯ 같은 나라에서 참⋯ 같은 공기를 호흡하고 살면서도 타자의 아픔을 공감하지 못하는 사람들이 있구나. 저런 사람들이 언론을 하고 있구나. 거기서부터 깨어지기 시작한 거죠, 저는. 다른 사람들은 팽목에서부터 깨어졌지만, 저는 거기서부터 잊을 수가 없었죠. 잊을 수가 없었고. 물론 방송을 보면서 계속 알고 있었지만 그 얼굴들 정면으로 본 건 그때가 처음이었으니까.

그러고 나서 빛나라 아빠가 "무조건 청와대로 가자" 막 이제 그래 가지고, 그때 갑자기 차를 타고⋯⋯. 그땐 진짜(웃음) 정신이 없었어요. "가자!" 그러면 부모들 일사천리로 움직였으니까. 그래 가지고 차를 타고 광화문 쪽으로 갔는데 차가 별로 없었어요. 새벽이었으니까. 그리고 차들을 계속 청운동 쪽으로 이제 막았기 때문에, 저희들이 이제 광화문 쪽에서 광화문 조금 못 미치는 데에서 내려 가지고 거기서부터 이제 행진해서 청와대 앞까지 걸어 들어간 거죠. 청운동 동사무소 앞까지. 순식간에 이제⋯⋯.

그때는 초기였기 때문에 경찰이 그렇게 많이 준비를 못 했어

요. 애들이 허둥대면서 막아대기 시작하는데 순식간에 저희가 청
운동 앞까지 가게 된 거죠. 근데 뭐… 청와대에서 인력이 나와 가
지고 막고 있으니까 저희가 들어갈 수가 없고 골목골목마다 막고
있었으니까. 그러고 나서 새벽 사이 아침이 올 때까지 굉장히 추웠
는데…… 순식간에 저희를 에워쌌는데 그 사진이 아직도 남아 있
죠. 기억저장소에 그런 사진 좀 걸어놨으면 좋겠어(웃음). 나중에
사진전, 이런 거 해도 될 거 같애. 예술작품보다 그 사진… 진짜 길
이길이 남을 사진인 거 같애. 완전히 쌈 싸 먹듯이, 그 가족들을 몇
겹으로 경찰 병력으로 싼 거죠. 부모가 무슨 힘이 있다고… 그렇게
모였죠.

　　결국은 청와대에서 아무도 나오지 않았죠. 결국 아무도 나오지
않았고, 가족대표단도 못 들어가고 중간에 변호사하고 정치인이
들어갔다 나온 게 전부였죠.

4
특별법 싸움, 가족회의, 민주주의

예은 엄마　　그러고 나서 이제 5월 달에, 저희들이 가족회의를 시
작했는데, 처음에 저희 가족회의 할 때 굉장히 두서가 없었어요. 그
래 가지구… 뭐 한 사람이 너무 길게 얘기한다거나, 아니면 한 사람
이 나와서 인신공격을 하다가, 그러다 일이 커져가지고 서로 앞에
서 막 몸싸움도 하고 옆에서 막 뜯어말리고 교통정리가 안 됐죠. 나

중에는 반별로 앉게 하고 반별로 토론하게 하고 반별로 한 사람씩만 이제 이야기하게 하고……. 그리고 처음에 뭐 어떤 사안에 대해 투표할 때도 참석한 사람들 투표권을 다 준 거예요. 그러다 보니까, 식구들이 많이 온 집은 한 서너 개의 투표를 하고(웃음). 그런 거죠. 그러니까 거기에 대한 문제 제기가 생기고 그래서 '다음부터는 선거인명부를 만들자' 그래서 매번 누가 왔는지 체크하고 그 사람한테만 한 표를 주는, 그래서 전 그 모습을 보면서 뿌듯했어요. 부모들이 정말 아무것도 모르는 부모들이 생각보다 그래도 체계를 갖춰 가는 이 모습이 안쓰러우면서도 대견하다고 해야 하나. 그렇게 해서 협의회 활동, 저희가 가족대책위죠. 시작이 된 거죠.

그리고 이제 특별법에 대한 것도, 필요성들을 변호사들이 이야기를 해줬고, 가족들이 처음에는 특별법이 뭔지에 대한 이해하는 데에도 시간이 오래 걸렸어요. 그리고 그게 과연 필요한 건지, 그래서 국회의원들이나 변호사들이 특별법 한번 만들어와 봐라. 우리 읽어보고, 뭐가 들어가고 뭐가 빠지는지, 그래서 그때 기억에 남는 게 정의당에서 가져온 특별법은 굉장히 여러 장 이어가지고 읽는 데 어려움이 있었어(웃음). 그걸 대기실에 이렇게 비치를 해놨는데 부모들이 읽다가 어우, 뭔 내용인지 못 읽겠다고. 그런데 새누리당에서 제일 마지막에 가져왔는데 딱 두 장이었어요. 배·보상 이야기만 있더라고. 배·보상 이야기하고 특례입학. 그런 이야기만 있더라구요. 그래서 그때 보통, 이제 가족들이 인신공격을 받기 시작을 했죠. 가족들이 제안하는 특별법은 뭐 삼십 몇 가지 특혜……

어찌 됐든 특별법을 만들기 위해서는 그 준비 과정을 할 모임들이 필요한데 그것 구성하는 데도 진척이 없더라구요. 그래서 저희가 국회로 간 거죠. 애들 데리고 국회는 몇 번 가봤어요. 그런데 우리 문제를 가지고 가서, 정말 가까이에서 정치인들의 민낯을 보게 된 거죠. 청와대 갔을 때, 꼬박 밤을 새면서… 청와대 답을 기다리면서 느낀 건 '아, 국민한테 관심이 없구나', '대통령이 필요한가?' 그런 생각을 했는데. 국회 가서는 정치인들에[이] 저희들을 대하는 태도를 보면서, 이건 뭐 발가락의 때만큼도 생각을 안 하더라구요. 그래서 '야, 이 국회의원도 필요한가?'(웃음), '아니 다리가 부러졌나, 응?' 좀 높은 연차가 되거나, 연배가 있는 국회의원들은 회의장 의사당 앞에까지 차를 몰고 와서 들어가는 걸 보면서 참……. 뒤룩뒤룩 살은 쪄 있고, 얼굴은 기름이 철철 넘치는데 '이건 아니다' 그런 생각들을 부모가 많이 했죠. '저들은 우리를 위해서 일하는 사람들이 아니구나. 그냥 총선 때만 쇼를 한 거구나. 표를 구하기 위해서… 그 이후에 저들의 안중에는 없구나' 그런 생각들이 들더라구요. 진짜예요.

저희가 국회에서 처음에 이제 특별법을 만들기 위한 기구를 만들기 위해서, 국회… 대회의장인가 거기에서 2박 3일인가 있으면서도 느꼈지만 별 관심이 없더라구. 관심이 없어. 자기의 자리 보전을 위해서 어디에 줄을 서야 할지 어디에 붙어야 할지, 처음엔 그렇지 않았겠죠? 처음 정치를 생각했을 때는 뭔가 뜻을 품고 국회에 들어가지만, 그 구조 안에서 이 사람들이 만성이 되고, 결국에는 자기의 그런 이상을 상실하고 오로지 자리 보전에만 연연하는 구나. 그런 인상을 많이 받았어요, 가족들도 다.

그러고 인제, 매번 인제 '우리는 이 나라의 국민이 아니구나' 가족들이 국회에 앉아 있으면 뭐 해요. 뭐 만들기도 하고 수다 떨기도 하지만 그런 이야기들 많이 했어요, 가족들이. 국가가 뭔지, 국회는 뭔지, 대통령은 뭔지, 정말 우리한테 필요한 건지. 저 사람들은 무슨 일을 해야 되는 사람인지 그런 고민들이 있었죠. 그래서 국회에서 그렇게 최초로 농성을 하면서 그냥 가족들이 뼛속 깊이 생각한 거는 '이 나라의 주인은 우리가 돼야 된다'. 가족이, 그리고 '국민들이 이 나라의 주인이 되어야 한다' 그거는 모든 부모들이 생각한 거 같아요. 왜냐면 내 거라고 생각했는데, 내가 주인이라고 생각했는데, 그렇지 않은 상황을 겪어보니까 더 절실해지더라구요.

면담자   잠깐만요. 마이크를 이쪽으로. 목소리가 작으셔서요 (웃음).

예은 엄마   많이 작죠, 딸들한테 맨날 혼나요. 엄마는 목소리가 왜 이렇게 작냐고(웃음). 그리고 기억에 남는 거는, 다 기억에 남죠. 주마등처럼, 진짜. 서명을 받기 위해서 일부는 국회를 지키고 일부는 또 서명받으러 가고. 진짜 너무 바빴죠. 아침 되면 주차장에 모여서 줄 서서 버스를 타고. 국회를 가든지 아니면 서명을 받으러 전국으로 돌든지. 그런 일들이 6월, 7월, 8월 계속 있었으니까. 그래서 반별로 막 경쟁도 하고 어느 반이 더 많이 받네, 적게 받네……(웃음). 그때 진짜 이거만 서명만 받으면 특별법도 만들어지고, 바로 진실이 밝혀지겠지 순진하게 그렇게 생각했죠. 진짜 열심히 했어, 부모들이. 그렇게 하고 저녁에 내려오면 다들 그냥 핏기 없는 얼굴로 그냥 버스에서 주욱 내려가는데……. 그랬어요. 그렇게 여름 보낸 거 같아요.

그리고 도보순례… 도보순례도 기억에 남죠. 부모들은 처음엔 그거 누가 냈냐, 왜 하냐, 말이 많았는데. 걸으면서 함께해 주는 분들이 있어서 좋기도 했지만, 또 외면하는 사람들도 굉장히 많았기 때문에 쉽지 않았어요, 걸으면서. 부모들이 다 물집 잡히고. 완전 그냥 그 후로 무릎이 나가거나 허리 이상이 생긴 분들이 많죠, 안 하던 도보를 해서. 그래도 뭔가 하나하나, 한 고비 넘길 때마다 부모들이 해냈다는 그런 뿌듯함이 있었던 거 같애.

그리고 저는 개인적으로 박영선 대표하고 국회 마당에서 굉장히 싸운 적 있었거든요. 그때 박영선 대표가 특별법 관련해서 물밑 작업을 하고 있을 때였어, 개인적으로. 여당하고 합의를 1차로 했을 때였어. 가족들이 굉장히 성이 나 있었죠. '니가 뭔데 중간에 끼어들어서 우리 요구를 묵살하냐' 가족들이 그런 생각을 갖고 있었죠. 왜냐하면 저희는 그때까지도 수사권, 기소권이 필요하다 생각을 했고, 이왕이면 가장 강력한 게 필요하다. 왜냐하면 우리가 싸워야 할 대상이 너무나 강력하기 때문에, 정부, 정치권, 기업, 언론, 심지어 통신사, 뭐 안 걸리는 데가 있어야지, 다 걸리잖아요. '이렇게 어마어마한 사람, 그리고 단체들하고 싸우기 위해서는 솔직히 수사권, 기소권도 부족하다' 그런 생각이 들었는데, 야당은 먼저 꼬리를 내리고, 아예 협상 테이블에 그 수사권, 기소권 얘긴 꺼내지도 않더라구.

저희들한테 와서 그런 얘기 했어요, 박영선 대표가. "어머니, 이게 어떻게 가능하냐?"고 그러더라구요. 그래서 '아, 이 여자가, 이건 아예 여당 쪽을 설득도 안 했구나. 이 사람은 설득도 안 했구나……' 본인이 미리 포기한 거지. "저희가 하겠다는데 왜 거기서 포기를 하냐. 그러려면 빠져라! 차라리 중간에서. 우리는 싸울 거다", "그게 언제까지 갈 거냐?" 그러시더라구. 우리는 "10년, 20년, 100년이라도 싸울 각오가 돼 있다. 부모이기 때문에… 그런데 왜 중간에서 당신이 미리 양보를 하냐?" 그리고 인제 "부모들 전체 의견이냐?" 물어보더라구. 우리 "전체 의견이다. 우리 협의회라는 단체가 있는데, 가족대책위가 있는데 거기서 우리 투표를 통해 결정을 한 거다" [하는데도, 박영선이] "몇몇 사람이 그런 것 같지 않다"면서. "아니, 당신은 원내대표이면서 야당에서 회의를 통해서 결정된 게 더 중요하냐, 몇몇 소수가 얘기하는 게 중요하냐. 회의는 그럼 뭣 하려 하냐. 투표를 통해서 결정이 됐으면 그걸 따라야 하는 거 아니냐" 그렇게 얘길 했어요.

저희 가족들은 같이 투표를 했고, 그 전에 투표를 했거든요, 저희가. '특별법 안에 특례입학이라든지 아니면 배·보상 문제를 넣을 것이냐 말 것이냐'에 대해 논의가, 저희가 있었어요. 그래서 그 부분을 놓고 저희 가족들이 투표를 했었거든요. 솔직히 본인은 떳떳

예은 엄마 박은희

한 부모지만 '다른 부모는 아닐 수 있어'라는 그런 불안감이 다 있었어요. 비공개 투표를 해서, 인제 했는데 결과를 열어보고 가족들이 다 울었어요. 한 97프로가 찬성표를 던졌더라구요. 오롯이 그냥 진실에… 진실 규명을 위한 그런 특별법에 찬성표를 던졌더라고. 특례입학이나 배·보상이나, 추모 이런 거, 차후의 문제다 그렇게 해가지고 굉장히 뿌듯했죠.

그런데 그걸 박영선이 뒤집어엎은 거야. 그런 투표가 그 후에도 몇 번 있었는데, 매번 퍼센티지가 약간씩 줄긴 했지만 그래도 거의 90프로였어요. 그런 투표를 할 때마다 저희 가족들이 굉장히 자랑스러워했거든요. '우린 부모구나. 내가 돈에 넘어가지 않았구나' 굉장히 뿌듯했죠. 그런데 박영선이가……(웃음). 그 결과를 못 믿겠다고 하니까……(웃음). "이 미친 거 아냐?"(웃음) 막 진짜. 그래서 제가 싸우는 거 잘 못하는데, 제가 그날은 미친 듯이 싸운 거 같애, 박영선이랑.

"우리는 10년, 20년, 100년까지도 싸울 수 있다는데, 왜 당신이 중간에서 그렇게 하나. 당신이 야당 맞냐. 야당이면은 야성이 있어야 하는 거 아니냐? 여당이 옳지 못한 일을 할 때는". 계속 이 박영선이 "표를 안 주서서 저희가 힘이 없단" 얘길 하는 거예요. "아무리 여당이 거대해도 야당은 그럼 안 된다. 이 미친개처럼 개처럼 물고 늘어져서라도 국민의 편에서 얘길 해줘야 하는 거 아니냐. 우리가 봤을 때 당신은 야당 아니다. 제2의 여당이다"(웃음) 싸웠죠. 그때 부모들이 저뿐 아니라, 다들 뭐라 그랬어, 박영선한테. 그랬더니 이번에 정청래 사건까지 아주 그냥 발목을 잡네(웃음). 가장 열심히 그래도 세월호 관해서 열심히 일하고 있는 사람……. 그랬어요.

아무튼 그때는, 가족들이 정치학 개론을 들은 것도 아니고, 민주시민교육원 이번에 뭐 짓는다 그러는데, 민주시민교육을 받은 것도 아닌데, 그냥 경험을 통해서 어떤 것이 옳은지 그른지에 대한 걸 감각적으로 배워간 거 같애, 다 가족들이. 그런 부분이 굉장히 뿌듯하면서도 감사하죠.

그러다가 대리기사 그 사건이 터진 거죠. 그때도 특별법 관련해 가지고, 협의가 안 좋은 결과가 나온 다음 날이었을 거예요. 그래서 그때 가족들이 굉장히 힘들어하니까 위로한다고 그래서 불려 나갔던 [건데], 그 사단이 난 거죠. 그랬던 거? 근데 그 일 다음에도 회의 때 그분들을 불러 세운 적 있었어요. 전 솔직히 가족들이 욕할 줄 알았어. 너희들 때문에 우리 욕먹었다. 쪽팔리다(웃음). 너희들 때문에 사람들 너무 많이 떠나갔다. 사실 그랬거든요. 대리기사 폭행 사고 때문에 특히 안산에서 민심이 확 떨어졌어요. 진짜 뭐 거의 3분의 2는 돌아섰다고 생각……. 거의 반 이상이 돌아섰으니까. 타격이 컸죠, 저희 가족 입장에서는.

그런데 회의 때 그분들 앞에 세우고 사회자가 앞에 사회를 보고 얘길 하는데, 그래두 우리가 가장 힘들고 외로울 때 중요한 역할을 해주신 분들이니까, 법적인 절차는 인제 본인들이 알아서 다 밟아갈 테고, 그런 부분에 대해서 "우리가 그래도 고맙다고 해주자" [해서 모두] 박수 쳐줬어요. 그래서 저는 깜짝 놀랐어요. 나보다도 더 성숙하네. 난 욕이라도 해주고 싶었거든. 근데 가족들 말마따나, 그 상황에서 그렇게 막 빛나라 아빠나 뭐 그 1기 집행부들이 어떤 돌발 행동 했던 것이, 추진력을 좀 가지고 일을 진행을 하는데 좀 도움이 됐던 거 같애. 〈비공개〉 그래서 가족들이 다 박수 쳐줬어. 어찌 됐든 '가족들이니까 품고 가자' 그렇게 그땐 정리가 됐죠.

그러고 나서 인제 특별법이 만들어지고 가족들이 나오고… 그 사이에, 그리고 인제 단식도 있었고, 청운동, 광화문 있었는데. 청운동에서 뭐 여러 일들이 있었지만 거기서 집단 토론회가 자주 있었어요. 전 그것도 굉장히 인상적으로 남아요. 가족들이 참여하고, 또 학생들이나 시민들이 오면은 거기서 평상이나 바닥에 널브러져 앉아가지고 몇 시간씩 토론을 했거든요. 그냥 아고라 같단 느낌이 들었어요. 옛날에 그리스 같은 이게 뭔가 굉장한 그런 '노무현 대통령이 꿈꿨던 토론 그런 장이 아닐까' 그런 생각들이 들어서…….

면담자 어떤 얘기 주로 기억에 남으십니까?

예은 엄마 글쎄, 뭐 현안에 대한 거죠. 저도 정확히는 기억이 안 나요, 하도 오래돼서. 그런데 아무튼 뭐 그 당시 현안에 대한 이야기들 '우리가 뭘 할 수 있을지' 뭐, 국가 이야기도 하고 정치인 이야기도 하고, 뭐 이제 주제별로 다양한 이야기들 있었던 거 같애, 자유롭게. 지금 그게 이어져 가지고 가족들이 간담회 가면 간담회도 그런 식으로 되거든요. 가족들이 먼저 모두발언을 하지만 결국은 토론으로 결론은 나. 여기서 저기서 질의도 하고 응답도 하고,

여기서 이런 얘기, 저기서 저런 얘기, 여러 가지 이야기들 서로 풀어가는 시간들이니까.

그래서 어찌 됐든 저희가 가족들이 2년 동안 그냥 허송세월은 안 했다고 봐요, 저는. 이미 곳곳에 여러 가지 형태로 씨앗은 뿌렸다고 봐요. 그런 어떤 모여서 어떤 현안에 대해서 이야기하고, 또 그리고 이렇게 피켓을……. 예전에도 있었겠지만, 평범한 사람들까지 거리에 나와서 피켓을 들기 시작한 건 처음이잖아요. '리멤버 0416'이 가장 큰 역할을 했는데, 나중에 역사책에 그것도 기록에 남아야겠죠. 일반 시민들이 굉장히 많은 참여들을 해줬잖아요. 집회에도 나왔지만 피켓을 들어서… 민주주의의 가장 기본적인 의사표현, 그걸 연습하는 기회가 되지 않았나, 국민들이. 그리고 그 일의 가장 최전선에 가족들이 있지 않았나. 가족들이 침묵하지 않고 끊임없이 말을 했고, 끊임없이 사건을 만들어내고, 끊임없이 찾아다녔고. 그런 것들이 저는 굉장히 의미가 있다고 봐요. 이거는 그냥 덮으려야 덮을 수가 없는 이미 흔들어놓은 거기 때문에 곳곳에서 이런 흐름들은 이어가지 않을까 그런 생각이 들어요.

그러고 광화문도 이제는 완전히 자리매김을 한 거잖아요. 어떤 고통받는 사람들이 나와서 자기 목소리를 낼 수 있는 공간으로 된 거기 때문에……. 모르겠어요. 향후에 이 일이 끝나고 난 뒤에 의식 있는 시장님이 그 자리를 그런 공간으로 잘 남겨줬으면 좋겠어요. 국민이라면 누구나 말할 수 있다, 자기 생각을. 그런 어떤 하나의 장이 되었으면 그리고 연대의 장이 됐었잖아요. 그런 부분에 있

예은 엄마 박은희

어서 큰 역할을 한 거 같아요, 광화문이나 저희 가족협의회가.

5
거리의 예배

예은 엄마　　　그리고 또 이제 저는 기독교인이니까 기억에 남는 게 거리 예배가 굉장히 많았어요, 거리에서 드리는 예배들이. 청운동에서도 예배가 있었고, 국회 앞에서도 예배가 있었고 '광화문과 그리고 뭐 대한문, 청계광장에서도 예배가 있었는데, 예전에는 소위 운동권이라고 하는 목사님들이나 교회가 중심이 돼서 드리는 예배가 되었다면, 이제는 굉장히 복음적인 보수적인 단체들이나 교회들이 나와서 예배를 드렸어요. 그래서 그분들이 새롭게 교회의 예배에 대한 신학적인 접목도 하신 거 같아요. 얘길 들어보면 이게 교회 안에서만 갇혀 있던 신앙생활의 한계 내지는 위험성, 그런 걸 자각하고, 그리고 저희들을 통해서 또 연대의 폭도 굉장히 넓어지셨고. 내가 이 일에 관심 있었는데 '어 저 사람도 관심 있네?' 그리고 만나보니까 또 서로 배울 부분들이 있어서 그런 거에 저희가 굉장히 뿌듯해했죠. '이분도 만나보니까 좋아', '저분도 만나보니까 좋아'. 그런데 우리 때문에 이 두 분이 서로 친해져서 신앙심이 생기니까요. 더 큰 연대가 생기니까. 그런 역할들을 한 거죠.

　　그때 처음에 청계광장에서 계속 예배가 있었거든요, 일주일에 한 번씩. 굉장히 감사하더라구요. 제가 이제 굉장히 복음적이라고 생각했던, 그래서 저기는… 다른 대형교회들처럼 그렇게 행동하겠지라고 생각했던 단체들도… 좀 그, 대학생 선교단체들 많이 나와서 활동들 했거든요. 그래서 굉장히 고무적이었어요. 그러네요. 그런 것들?

또 뭐가 기억에 남을까… 잊을 수 없는 거는 100일? 100일 행사……. 100일 끝내고 나서 추모하러 광화문 가다가 그 빗속에서 광화문에서 저희만 고립되어 있을 때 굉장히 폭우가 왔어요. 그런데 신기하게도 저희 집회할 때는 비가 안 왔어요, 이상하게도. 날씨가 딱딱 맞춰줘서……. 그래서 엄마들이 큰 행사 하면서 걱정을 안 했어, '우리 애들이 날씨 챙겨줄 거야'. 집회 때 너무 덥지도 너무 춥지도 않고 그렇다고 비가 억수같이 오지도 않았는데, 그런데 그날은 이제 집회 다 끝나고 나서 이제 '마지막에 내려갈지 안 내려갈지' 아니면 '청와대까지 밀고 들어갈지 말지' 하다가 고립이 된 거죠. 그때 비가 많이 왔는데, 양쪽으로 차벽이 둘러 있는데 그 안에서 가족들만 그 안에 갇혀 있었거든요. 비는 오고 차벽으로 갇혀 있는데 마치 그냥 세월호 안에 있는 거 같더라구요. 차벽이 세월호 벽 같고. 빗물이 정말 장난 아니게 왔거든요. 양동이로 들이붓는 것처럼 왔는데 '아이들이 물속에 있을 때 이런 느낌이었겠구나' 하면서 부모들이 굉장히 힘들었었죠. 100일 때 집회는 잘했는데 광화문 광장에서 고립된 상태에서 비를 맞으면서 내가 우리 아이가 된 것처럼 굉장히 힘들었죠(한숨).

뭐 두서없이 얘기하다 보니까. 그래요. 며칠 전에 윤민 언니가

예은 엄마 박은희

페북에 쓴 것처럼 저도 '그래도 아무것도 이루어지지 않았다', 저는 그렇게 생각하지 않아요. 어차피 뭐, 진실 규명이나 이런 문제들은 길게 가야 될 거 같은데, 그 안에서 어떤 변화의 동력들을 우리가 만들어내느냐가 더 큰 결과물을 만들 거 같애요. 진실을 밝히고, 거기서 이제 뭐 누구 벌줄 사람 벌주고 그러면 그냥 사건이 종결되는 거잖아요. 근데 저희가 원하는 건, 4·16 참사 이후에 이전에 우리가 했던 모든 그 잘못된 모습들이 어느 정도라도 변화가 되길 바라는 거죠. 참사 이전과 이후를, 무슨 일이 있어도 저희는 가르고 싶어요. 그래야지 아이들의 희생이 의미가 있으니까. 『성경』 말씀처럼 얘네들은 자기들이 원하지 않았는데 어떻게, 그게 하나의 씨앗으로 이 땅에 남겨진 애들이잖아요. 어떡해서든 저희는 그 싹을 틔우고 싶어요. 그래야지 뭐가 남잖아요. 싹을 보든지, 예쁜 꽃을 보든지, 씨앗까지 생겨서 더 파급효과가 크면 더 좋고. 아이들이 있다 간 흔적을, 그리고 아이들이 그렇게 큰 상처를 받고 갔다는 것을 남기고 싶은 거죠, 저희 부모들은. 그게 진짜 이 아이들을 기억시키는 거라고 전 생각해요.

그래서(한숨) 어떡하면 더 많이, 식물처럼 이제 고민을 하는 거예요. 이 씨앗을(웃음) 효과적으로 더 멀리 얼마나 많이 퍼뜨릴까. 가끔은 너무 고통스럽고 힘들 때는, 씨앗도 발아를 하기 위해서 자기 몸 다 찢겨져야 하거든요. 수분을 흡수해 가지고. 몇십 배를 막 불어가지고 해체가 일어나야지만 그 안에서 비집고 싹이 나는 거거든요. 그런 과정이다 생각하면서 이를 악무는 거죠. 이 아이들

죽었는데 그 정도는 해야 되지 않을까. 이왕이면 이 아이들 때문에 하나라도 더 좋아졌다는 게 역사에 한 페이지에 남길 바라는 거죠. '4·16 참사 이후 경제가 더 어려워졌다', '갈등이 더 심해졌다' 뭐 이런 내용보다 '4·16 참사 이후에 교육이 바뀌었다', '4·16 참사 이후에 국민들이 민주시민의식이 향상이 됐다', '정치 참여자가 높아졌다', '대통령이 바뀌었다'(웃음) 뭐라도 있길 바래요.

면담자　　　어머니, 그 발아하는 과정이 사실 몸과 마음이 되게 아프잖아요.

예은 엄마　　　아프죠, 네.

6
참사 후 가치관 변화

면담자　　　세월호 참사 1주기 때, 어머니가 병원에 입원하셨다는 이야기를 아버님이 말씀하셨던 기사도 봤는데요.

예은 엄마　　　잠깐인가, 애 아빠가(웃음) 진짜 얘기 안 해도 될 이야기를 이야길 해. 아유, 진짜. 다분히 계산적인 거예요, 애 아빠는 (웃음). 그런 이야기가 필요한, 우리 언니가 친정 언니도 "야, 그런 거 필요한 거야", 저는 또 순박해서 그런 거 모르고. 힘들죠. 다 힘들죠, 저만 힘들겠어요? 활동하는 부모도 힘들고, 뒤에서 그냥 나오지 못하는 부모도 힘들고. 어떻게 사람이라면… 아니 동물도 그런데, 하물며 사람이라면 자식을 그렇게 비참하게 보내놓고 안 힘들 부모가 어딨어요. 사람이 아니지, 사람이 아니지.

그냥 저는 가족회의 때 가끔 그런 생각이 들어요. 진짜 형편없는 아빠라고 생각을 했는데, 어느 날 마이크 붙잡고 그 부모는 진상 규명이라든지 좀 이런 부분에 대해서 힘을 쏟아야 되는데 추모 쪽에만 관심이 있더라구요. 그래서 정치적으로 뭔가 법을 만들고 정치인들과 싸우는 거에 대해서 계속 딴지를 거는 아빠가 있었어요. 그런데 그 아빠가, 회의 때 저희가, 이제 회의 끝나면 자유발언 시간 있거든요? 한때는 너도나도 했었는데, 요즘은 잘 안 하는데 가끔, 그때 작년이었나, 그 아빠가 작년 1주기 전에, 그때 굉장히 추웠을 때였어요. 작년엔 봄이 없었죠. 그리고 작년엔 봄이 없었었어요. 날이 계속 추웠었어요. 그 며칠 동안, 계속 영하 몇 도로 추웠을 때, 회의 때 이제 나와서 '며칠 동안 계속 영하 몇 도였다' 나는 따뜻한 방에 있는데, 거기는 이제 아이가 하늘공원에 있거든요. "우리 아이는 이 추운 데 거기 있다" 펑펑 울더라구요, 그 아빠가. 그래서 아이가 추울 거 생각하니까 도저히 잘 수가 없어서, 새벽 3시에 뛰쳐나갔대요. 그래서 하늘공원 가서 펑펑 울고 왔다고, 그러니 "제발, 우리 아이 좀 따뜻한 곳으로 돌아올 수 있게, 이해 먼저 해주면 안 되겠나" 그러더라구요.

그런데 그 전에는 '참, 이 아빠가 의식이 없구나. 이게 진상 규명이 되지 않으면 그냥 이건 불쌍한 사람들의 무덤인데 진상 규명이 돼야지. 이 무덤에도 좀 더 의미가 있고, 그리고 이제까지 우리 함

께했던 사람들도 그것을 인정해 주고, 이곳을 기억하고 기리는 일
에 더 같이할 텐데. 여기서 우리가 포기를 하면 우리 아이들이 욕먹
는 건데' [하고 생각했었어요]. 그런데 그날, 그 아버지가 그런 거 보면
서 '아, 저 사람 그냥 자식 사랑하는… 그런데 사랑하는 자식을 잃은
한 명의 불쌍한 아빠구나' 그런 생각 들더라구요. 그래서 가족들이
이제 좀 편차가 있거든요. 어떤 사람은 문제의식이 굉장히 많은 사
람도 있고, 앞서간 사람도 있는가 하면(한숨), 어떤 사람들은 정말
답답할 정도로 관심이 없단 말이에요. 그런 거 보면은 이해가 안 됐
는데, 그렇게 겪고 나서 보니까… 다… 그냥, 다 불쌍해 보이더라구
요. 〈비공개〉 체계화가 되니까 어떤 신학자가 와서 토론을 해도 밀
리지가 않더라구요. 지성이 언니도 그렇고, 창현이 언니도 그렇고.

7
분노하게 하는 사람들: 정치인, 목회자, 지식인

면담자   그 얘기 나온 김에 그냥, 어머니, 2년 동안 많은 일들
이 화가 나셨겠지만, 특히 나를 화나게 했던 것들이 있으셨나요.

예은 엄마   박근혜(웃음). '인두겁을 쓰고 저럴 수가 있을까', '아
니 저런 마음으로 왜 저 자리에 있는 거지, 응?' 저런 사람 대통령
하면 안 돼. 기본적으로 사람에 대한 예의? 사랑, 이런 게 없는 사
람, 지도자가 되면 안 될 거 같애.

면담자   왜 그렇게 느끼셨습니까?

예은 엄마   가족들이 그 땡볕에서 몇 날 며칠을 앉아 있는데, 그 후에 청운동에서 천막 치고서 얼마나 오래 있었어요, 응? 지기 싫은 거지, 나오지 않은 건. 정말 국민들을 사랑하는, 고통받는 사람들을 사랑하는 마음이 있다면, 내가 지는 듯한 모습이 보여도, 나와 봐야 돼. 인지상정인 거. 정말 한 번, 한 번이 아니라 백 번을 찔러도 피 한 방울 안 나올 거 같은 그런 모습에 질렸어. 너무 질렸어. 매번 상황을 연출만 하니까. 약속을 매번 어기고 "언제든지 찾아와라. 여한 없이 조사하게 해주겠다" 개뿔, 조사 시작도 못 하게 이렇게 막고 있으니까. 제일 화가 나죠.

그다음은 그 장단에 놀아나는 정치인들. 이건 무슨 삼권분립이 아니고, 아직도 조선시댄 거 같아요. 대통령 눈치 보면서, 거기서 설설 기는, 거기서 알랑방구 뀌는 여당이나, 그런 여당에 대해서 문제 제기조차 못 하고, 같이 묻어가는 야당도 그렇고, 국민의 편이 없는 거죠. 국민의 편이 모두가 권력과 물질 앞에, 다들 이번에 학자들이나 신학자들, 일반 학자들도 귀신에 사로잡힌 거 같애(웃음). 권력 귀신, 돈 귀신에 다 미쳐(웃음). 언론도 양심을 팔아먹고, 학자들도 지 양심 팔아먹고.

솔직히 참사 초기에 선박 관련 학자들이라면 그렇게 단순히 조타 실수로 급변침이 불가능하다는 것에 대해서 좀 더 목소리를 냈어야 됐어. 변호사들이나 인권활동가나 아니면 특히 학자들. 그런데 학자들은 자기네 밥줄 끊어질까 봐 침묵하고 있더라구. 너…무,

너…무 실망스러웠죠. 저는 이런 어마어마한 일이 생겼으면 최소한 종교인들하고 지식인들은 가슴을 치며 본인이 제 역할 하지 못한 것에 대해서 뉘우칠 줄 알았어. 왜냐면 그런 역할을 하는 사람들이니까.

제가 참사 초기에, 제가 마을만들기 운동도 하고 도서관 만들기 운동도 했으니까. 모임 있는 데마다 찾아가서 이야기하려고 노력했고, 일부러 마을만들기 전국대회[에] 제가 신청서를 내서 갔어요. 가서 그냥 미친 듯이 마이크 붙잡고, 뭐든지 자리가 되면 비집고 들어가서 얘길 하고. 얘기했는데 거기에도 세월호에 관한 고민들이 없더라고. 제가 가서 얘기했죠. 10여 년간 마을만들기 운동을 했다. 하지만 이 일을 겪으면서 깨달은 게 있다. 내가 내 동네에서 아무리 즐겁고 행복하고, 모두가 어우러지는 그런 이상적인 마을을 만들어도, 나라가 개똥이면, 그 생활은 언제고 깨질 수 있는 행복이다. 지역에서, 소단위의 어떤 행복을 추구하는 그런 운동을 넘어서서, 이제는 안전장치를 같이 만들어야 되지 않겠냐. 예전처럼 의식화 교육도 좀 해라. 그래서 요즘은 정말 마을만들기 사업이 말 그대로 사업으로 가고 있거든. 사업으로 가고, 돈이 얽혀 있고, 또 그 돈은 정부로부터 오고. 그러니까 힘 있는 목소리 내기도 쉽지도 않고. 그분들은 이렇게라도 모여서 서로 공감하는 능력을 키우고, 함께하는 방법을 찾다 보면 더 큰 연대로 나아갈 수 있지 않겠냐. 그런 얘기들 하시더라구요. 그 말도 일리는 있는데. 그걸 하더래도 어찌 됐든 큰 그림은 같이 계속해서 그려가야 되지 않냐.

예은 엄마 박은희

아, 지식인들한테 실망을 너무 많이 했죠. 뭐 종교인들은 말할 것도 없고. 종교인들은 뭐, 저도 전도사지만, 저희 교회 목사님이 좀 의식이 있으셔서[서] 대형교회에 대해 비판을 자주 하셨거든요. 저는 그게 굉장히 듣기 불편했어요. 제가 아까 얘기했잖아요, 싸우는 거 별로 안 좋아한다고. '목사님은 목사님만 잘하시면 되지 뭐 이렇게 매번 큰 교회를 비판하나'. 그런데 이번 일 겪고 보니까, 큰 교회는 선지자적, 교회가 선지자적 역할이었는데 선지자적 목소리를 낼 수가 없어요. 왜냐, 그 안에 기업인도 있고 정치인도 있고 서로 이해관계에 있어서 대립되는 단체들이 어… 객체들이, 객체들이 다 들어와 있는데 그 안에서 뭔 소리를 할 수 있겠어. 그 어느 누구의 편도 들 수 없는, 심지어 하나님 편도 들 수가 없어. 돈은 편들 수 있다. 사람들은 돈 좋아하니까. '와… 큰 교회가 굉장히 위험하구나. 굉장히 위험하구나' 그래서 마음 같애선 '지금 있는 큰 교회들은 다 쪼개졌음 좋겠어. 그러지 않으면 괴물이다' 그런 생각이 들더라구요. 왜냐, 왜냐면 그 안에서 사회의 그런 약자들을 위한 공감은 전혀 이루어지지 않고, 목사님들도 고 안에 겹겹이 갇혀 있으니까 몰라도 너무 모르는 거예요. 〈비공개〉

더 기가 막힌 거는 초기에 심재철인가 그 의원이 뿌렸던 그런 단톡 문자들이 제일 많이 배송 전달된 데가 교회예요. 교회는 전국적인 조직망이 있잖아요. 그 조직망으로 좋은 일들 해야 하는데, 그 조직망으로 목사들끼리 그런 카톡 문자를 날리고, 성도들한테 퍼뜨리고, 장로들이 퍼뜨리고, 그런 거죠. 그러니깐 자정능력을 상실한 거 같애. 너무 크니까, 그 안에서. 비판도 없으니까 무분별하게. 그러니까 사람들이 뛰쳐나가는 거죠. 가족들도 뛰쳐나가고. 저희들을 돕던 이들도 교회 안에서 그런 말도 안 되는 목소리 보고 뛰쳐나가서, 이런 어마어마한 사건이 일어나면 가슴을 치고 '내가 더 많이 배웠으니까, 내가 더 책임이 크다' 이렇게 해야 하는 게 지식인 역할이에요.

'내가 어찌 됐든 종교인으로서 목숨을 걸고라도 옳은 소릴 냈어야 하는데, 그렇게 하지 못해서 사회가 다 썩어 문드러졌구나' 가슴을 쳐야 되는 게 진짜 목회자거든요. 그런데 그런 반성은 없고, 뜬금없이 "하나님 뜻이다. 하나님이 침몰시켰다" 그러면서 모든 잘못은 하나님한테 돌리면서……. 그러니까 예수님이 돌아가신 것도 하나님 때문이지 뭐, 그 사람들 입장에선. "우리의 죄요" 그렇게 하는 게 아니고. "하나님의 계획이잖아. 하나님이 예수님 못 박으신 거잖아" 이렇게 얘기하는 거죠, 목회자들도.

그러니까 그때 전국 마을만들기 전국대회 갔을 때 제가 그분들한테도 그랬어요. 교수님들 잔뜩 와 있길래, 전 여러분들이 그렇게 교수가 되고 학자가 되기까지는, 여러분들이 똑똑해서 된 것일 수도 있고 노력해서 된 것도 있겠지만, 똑똑해 갖고나 아니면 가정형편이 돼서 이렇게 된 게 아니냐. 그러면 남들이 가지지 못한 두뇌를 가지고 태어났고, 남들이 가지지 못한 가정의 어떤 그런 지지를 받고 태어났다면, 여러분들이 최소 선택한 게 아니고 태어나며 주어진 거니까, 그마만큼의 여러분의 책임이 더 큰 거 아니냐. 먼저 아는 사람의 책임이라고 생각한다. 그 책임을 다하지 않는다는 거는 비겁한 거기도 하고, 신의 영역으로 보면은 하나님이 맡겨 두신 거에 대한 방관이기도 하고, 먼저 더 많이 아는 자의 책임을 다해 달라 그랬거든요.

오히려 평범한 사람들은 몰라서 그렇다 치더래도, 전문가들은 다 알고 있었잖아요, 이만큼 문제가 있다는 것에 대해서. 그런데 자기 자리 보전하자고 뒷짐 지고 물러서 있다는 거는 진짜 용납이 안 되죠. 직무유기죠, 뭐 직무유기. 그래서 그런 사람들이 제일 미워요. 이쪽에 있는 사람들. 지식인들, 뭐 정치인들, 종교인.

면담자   화나게 했던 일들 말고, 그럼 좀 위안이 됐던, 2년 동안 하시면서 위안이 됐던 일이나 사람들이 혹시 있으십니까.

예은 엄마   교회가 죽었다고 생각했는데(한숨) 그래도 작은 교회들, 의식 있는 교회들이 새로운 어떤 대안공동체들을 꿈꾸는 교회들이 많더라구요. 그래서 그런 교회들이 어찌 됐든 이 문제에 대해서 의식을 갖고, 이 사회구조에 대해 의심을 갖고 대안을 찾아가고 있는 사람들이 있다는 것이 안심이 되고 위로가 됐죠. 그래서 '어떤 사람 역할이라는 게 그 사람의 어떤 규모하고는 틀리구나', '그 사람들이 품고 있는 이상이나 어떤 사고의 깊이, 그런 거하고 상관이 있는 거지, 뭐 덩치가 크다고 자본이 많다고 해서 그 사람이 큰 건 아니구나' 그래서 그런 분들이 끊임없이 와준 것이 감사하죠.

대안이라는 이름을 붙인 많은 것들에 대해서 저는 예전에 좀 확신이 안 섰거든요. 대안학교, 대안언론, 대안교회 이런 거 굉장히 많았잖아요. 생긴 지가 벌써 꽤 됐는데 벌써 10여 년이 됐죠. 10년도 넘은, 15년 전부터 대안을 품은, 여전히 거기에 대한 뭐 100프로 확신은 없지만. '대안이 될까?'였는데 지금은 '대안이 될 수도 있겠다' 하는 가능성이 조금 생긴 거죠. 그래서 대안학교 학생들, 대안학교 부모님들, 그리고 아까 말씀드린, 뭐 대안교회 그다음에, 그런 분들이 많은 힘이 됐죠.

두 번째는 젊은이들……. 저희가 뭐 7, 80년도에는 뭐, 대학생들이 운동을 주도했지만, 지금은 대학교에서 집회하면은 30명? 고작해야. 큰 학교에서도, 서강대에서도, 갔을 때도, 한 애들이 한 40, 50명 모였는데……. 실망했는데 임원분들은 굉장히 뿌듯해하더라구요. 굉장히 많이 왔다고(웃음). 심지어 투표할 때도, 임원을 뽑아야 하는데 정족수가 안돼서 무산되는 경우가 많다고 들었어요. 그런데 이번에 보니까 뭐 한신대 친구들, 그리고 연·고대 친구들부터 시작해서 대학생들이 굉장히 많이 움직여 줬죠.

그래서 대학교 안에도 여러 가지, 뭐 4월, '4월애', '청춘지성', '청년하다', 뭐 굉장히 많은 그룹들이 있더라구요. 그 그룹들이 나름대로, 이렇게 자기의 삶에 대해서 고민을 하면서 살아가고 있는 청년들이 있다는 거, 되게 굉장히 반갑더라구요. 그리고 이제 기독교 쪽으로도 청년들 모임이 특히 '아이브이에프(IVF)'나 '에스에프시(SFC)' 뭐 이런 단체들이 신앙을 어떻게 삶과 연결시킬까에 대해 고민들이 굉장히 많더라구요. 그래서 그런 부분들이 굉장히 많이 도전도 되고 위로도 됐죠.

그리고 이제 안산에 와서도 오히려 가깝게 활동했던, 막 내로
라하는 운동가보다는, 뭐 평범해 갖고 잘 몰랐던 분들 중에 열심히
뛰시는 분들이 많아서, 그런 분들이[을] 보면은 위로가 되죠.

8
희생자 자매들

면담자 아, 지금 셋째라고 하나요. 쌍둥이니까. 셋째가 지금
대안학교 이번에 갔잖아요. 혹시 그런 변화 때문에 변하신 건지,
아니면 다른 이유가 있으셨습니까?

예은 엄마 그것도 컸어요. 네. 첫째도 애 아빠가 대안학교 보내
자고 했어요. 그때도 '이우학교' 보내자 했었거든요. 그런데 이제
문제는 거리가 멀고, 두 딸을 거기다 떼어 놓는다는 건 상상도 못
한……. 애들을 요렇게 항상 끼고 같이 다니고 그런 걸 좋아했거든
요. 아이들이 떠나는 거 상상도 못 했고… 애들도 겁이 많아 쌍둥
이들이, ○○이, 예은이. 그래서 저는 교육 방침이, 아이가 원하지
않으면 안 시키는 거거든요. 그래서 더 이상 강요를 못 했죠.

그리고 뭐 아까도 말씀드렸지만 대안이, 대안이 될까라는 고민
이 있었기 때문에 결정을 못 했는데 이번 일 있고 나서 △△이가 단
원고 간다고 하길래 말렸잖아요. 형제자매들이 대부분 단원고 가고

싶어 해요. 왜냐면 친숙하고, 언니나 오빠 누나 형아가 있던 공간이기 때문에. 언니나 오빠 또는 형이나 누나가 다 채우지 못한 시간들을 채우고 싶어 하는 욕구들이 있더라구요. 그런데 이제 단원고 상황을 저희가 1년 동안 겪었으니까, 말도 안 되는 그런 지금의 상황에 대해서 너무 잘 알고 있었기 때문에 보내고 싶진 않더라구. 말렸죠. "니가 행복하기를 언닌 바랄 거야. 그러니까 언니한테 갖는 부채의식을 다른 방법으로 풀어보고. 이제 엄마 입장에서 너를 쭉 지켜봤을 때, 너는 아주 어렸을 때부터 니가 스스로 뭔가를 늘 하고 하길 원했고, 그렇게 살아왔기 때문에 대안학교가 맞을 거 같은데. 내가 △△이, 막내라든지 쌍둥이 언니라면은 이런 제안을 안 할 텐데. 이번엔 엄마가 좀 용기를 내서 한번 제안을 해보고 싶다".

자료를 먼저 찾아보고, 대안학교 나온 학생들이 쓴 책이 있더라구요. 그래서 그것도 저는 처음부터 끝까지 다 읽어봤고, 애[한테는 일부분을 제가 일부러 이렇게 펴줘서 보게 했죠. "대안학교가 답은 아니다. 고거는 알고 가라. 대안학교 안에도 모순은 많고, 니가 가도 실망하는 부분은 굉장히 많을 거야. 그럼에도 불구하고 거기에서 갖고 있는 장점들이 마음에 들면 가도 된다". 자료를 검색하게 해보고 결정적으로 설명회들을 데려갔죠, 애 아빠랑. 설명회 가고 나서 애가 마음에 들어 해서 "뭐가 제일 마음에 드냐" 했더니 "토론하는 것이 좋다" 그러더라구요.

애 토론하는 거 좋아하거든요. 유치원 때도 방학 때 무슨 숙제를 내주면, 유치원하고 초등학교 저학년은 대부분 숙제를 엄마가 다 해주잖아요. 그런데 얘는 한 번도 제 손을 탄 적이 없어요, 진짜. 7살 유치원 다닐 때부터 지금까지 숙제는 자기가 다 했던 거 같애. 굉장히 어설프잖아요, 과제물 가져가는 게. 그런데도 보면은 기발하고 괜찮더라구(웃음). 그래 가지고 맞을 거 같았는데, 생각한 대로 얘가 좋아하고. 그리고 인제 자기가 보고 싶은 거에 대해서 선택해서 배울 수 있다는 거 굉장히 메리트를 느끼더라구요. 지금 너무 좋아해요. 애들이 또, 의식 있는 부모들 자녀들이 좀 많아 가지고, 애들 품성이라든지 뭐 사회의식, 그리고 주체성 뭐 그런 게 되게 뛰어나더라구요. 그래서 자기랑 맞더라구요.

이번에도 뭐 다른 거보다도 세월호 관련해서 안산에선 금기시 되잖아요. 얘기를 할 수가 없는데, 거긴 1년 목표 세웠는데, 3분의 1 이상이 다 세월호 문제 관련한 거, 아이들이 이렇게 옆에 써봤는데, '세월호를 어떻게 준비할 것인가', 뭐 '2주기를 어떻게 보낼 것인가', '세월호 이후에 우리 학생들의 삶은 어떻게 살아갈 것인가' 고민이 많더라구요, 애들이. 그런 거 하면서 애가 좀 위로를 받지. "엄마, 친구들이 준비하고 있는데", 자기도 여기선 뭐 말 꺼내고, 2주기 기획하고 이런 거 자체가 눈치가 보이는데 좋아하더라구.

면담자   △△이뿐 아니라, 다른 아이들도 사실 2년 동안 힘들어하고 이런 것들을 어머님이 지켜보고 하는 과정들이 있었잖아요.

예은 엄마   그런데 형제자매들은 공통점이 있어요. 말은 안 해, 잘. 자기 아픔은 이제 적극적으로 나가서 활동하는 아이들도 있지만, ☆☆이 동생처럼, 나가서 그런 거 잘 안 하는 아이들이 있어요. 우리 큰딸도 그렇고 막내도, 막내는 뭐, 나이 차이가 5살이나 나니까, 그 또래 애는 없어요. 정기초에 다닐 때 걔 한 명이었어, 희생자들. 그래서 걔한테는 어떠한 치유 프로그램이나 그런 거 하나도 안 됐죠. 그런데 이제 가끔 가다가 이제 선생님이나 친구들, 그리고 기사를 통해서 세월호를 비하하는 그런 것들이 있으면 굉장히 힘들어하더라구. △△이는 교실존치 관련해 가지고 서명지를 받아 왔는데, 나중에 얘길 들어보니까는 그것 때문에 안 좋은 소릴 들었더라구, 선생님이나 친구한테. 그런데 그런 걸 일절 얘길 안 해요.

면담자　　　그런데 저는 예전에 잘 몰랐는데, 조금 구술하다 보니까 세월호 유가족이어서 받는 시선도 있는데, 또 아버지가 좀 유명하시잖아요, 사실. 그래서 좀 걱정이나 스트레스는 아니지만 그런 부분도 좀 있으십니까.

예은 엄마　　　그런 건 없는 거 같애. 애들이 그렇게까진 별로 관심⋯⋯. 모르는 거 같애(웃음), 애들이.

9
앞으로의 바람

면담자　　　앞으로 삶에 살아가면서 이루고 싶은 것, 꿈 이런 거 있으십니까?

예은 엄마   그러니까 참사 있고 나서 저희 가족들이 얘기한 거 중에는 이전처럼 살지 말아야지, 우리 가족은. 그런데 그걸 지금 못 지키고 있어요. 예은이랑 더 많이 얘기해 볼걸, 더 여행도 더 많이 다녀볼걸(웃음). 그게[이전처럼 살지 않는 게] 지금 저희 목표예요. 지금은 뭐 체계를 갖춰놓는 단계라 그렇긴 한데, 이전처럼 그렇게 막 당위적으로 해야 할 일에 매달려서 살고 싶지가 않…… 의미 있는 일에 시간을 투자하고, 함께하는 사람들하고 좀 더 깊게 사랑하면서 여유 있게 보내고 싶어요. 그런데 지금 상황이 그렇게 안 되지만, 그렇게 하고 계속 앞으로 어찌 됐든 뭐, 이 일에서 벗어날 수가 없으니깐. 세월호가 안산 지역에서, 전국에, 그리고 세계에, 의미 있는 사건으로 남을 수 있도록 그렇게 노력을 해야죠. 제일 중요한 건, 가족들이 얼마큼, 지금 굉장히 힘든데 조금이라도 더, 조금이라도 덜 아프게, 이 일을 감당할 수 있도록 조력하는 역할… 저도 희생자이지만 아무튼 그런 역할들을 하고 싶죠.

면담자   그럼 마지막 질문인데요, 진상 규명이 어머님한테 어떤 의미이신지요.

예은 엄마   진상 규명? (면담자 : 네) 당연히 해야 하는 거(웃음). 당연히 해야 하는 거(웃음). 똥 싸고 안 닦는 거, 진상 규명 안 하면(웃음). 그럼 살 수가 없잖아요. 그리고 어떻게 살어, 못 살어, 가족들. 어떻게 하든지 밝혀야 하는 거. 그래야지 이 안에 응어리가, 평생 가겠지만 조금이라도 덜 수 있지 않을까? 애들이 남겨 준 숙제니까. 그 숙제를 못 했을 때의 그 불안감 있잖아요. 부모들은 늘 그 게 있어요. 숙제 안 하고 수업시간 앉아 있다고 생각해 봐. 좌불안 석이지. 부모의 마음이 그런 거거든요.

면담자   네. 혹시 어머님, 아 이거 했어야 했는데, 빠뜨렸다. 마지막으로 더 해주실 말씀 있으세요?

예은 엄마   아니, 없어요(웃음). 질문을 잘해주셔서 없습니다.

면담자   말씀을 잘해주셔서 감사합니다(웃음).

4회차

2019년 1월 30일

1
시작 인사말

면담자　　　본 구술증언은 4·16 사건에 대한 참여자들의 경험과 기억을 기록으로 남김으로써 이후 진상 규명 및 역사 기술에 기여하고자 합니다. 지금부터 박은희 씨의 증언을 시작하겠습니다. 오늘은 2019년 1월 30일이며, 장소는 안산시 단원구 4·16기억저장소 사무실입니다. 면담자는 김익한이며, 촬영자는 박서진입니다.

2
세월호 운동 전면에 나서게 된 계기

면담자　　　어머니, 지난번 구술하고 시간이 상당히 많이 지났습니다만, 1, 2, 3차 구술에서 특히 어머니 활동 부분이 많이 누락이 돼 있어서 불가피하게 4차 구술을 하게 됐습니다. 어려운 자리에 참석해 주셔서 너무 감사드리구요. 시작을 이렇게 좀 했으면 좋겠는데, 예은 아빠가 워낙 활동이 많으시고 초기에는 정의당 당원이라고 또 말들도 많으셨어요. 결국은 다 해결이 됐습니다만. 활동하실 때 어머님의 활동에 어머님 스스로 느끼는 제약이랄까, 그런 게 무엇이셨어요?

예은 엄마　　　일단 예은 아빠는 남은 아이들에 대한 염려가 되게

컸어요. 특히 ○○이가 쌍둥이이기 때문에, 지금은 그래도 진정이
됐지만 그때 완전히 극도로 불안한 상태였거든요, 아이가. 그래서
팽목에도 오지 못하게 했고, 경기도미술관 앞에 분향소가 차려진
뒤에도 되도록 안 나왔으면 하는 그런 마음이 있었어요. 그래서 초
기에는 제가 많이 못 가가지고, 분향소에도. 예은 아빠가 계속 집
에서 좀 아이들을 붙잡아 주고, 제 마음은 가서 뛰고 싶었는데 남
아 있는 아이들에 대한 책임도 있기 때문에, 그 사이에서 진짜 많
이 갈등했어요. 내가 어느 선까지 참여하고, 어느 선까지 내가 이
가정의 일을 책임져야 되나.

그러다가 적극적으로 참여하게 된 계기는 서울 올라갈 때였죠,
영정사진 들고. 그날도 예은 아빠가 나오지 말라고 했어요. 자기가
너무 언론에 계속 노출이 돼서 공격을 받고 힘들 때였기 때문에,
저까지 노출되는 것에 대해서 굉장히 꺼리더라구요. 그런데 그때
는 정말 참을 수가 없었어요. 그래 가지고 새벽에 아이들 자는 거
보고 그냥 저도 뛰쳐나왔죠, 어머님한테 연락해 놓고. 그래서 이제
영정사진을 예은 아빠가 못 빼게 했는데 제가 그냥 빼고 그때 같이
올라간 거죠. 그러면서 시작을 한 거죠.

면담자   그러니까 김시곤 때문에 (예은 엄마 : 그때 간 거죠)
KBS 항의 방문을 했을 때 얘기시네요? 그때가 이제 (예은 엄마 : 5월)
어머니가 어려운 결정을 하고, 예은 아빠가 만류를 함에도 불구하
고 적극적으로 나서시게 된 처음 출발이시네요.

예은 엄마   네, 처음 출발이죠.

면담자   그리고 그거하고 연관이 될지는 모르겠습니다만, 그 초기에는 심지어는 그 당시에 가족대책위에서도 주로 촛불집회나 이런 것을 시민단체들이 개최를 했는데, 공식적인 참여를 좀 막았던 그런 시기가 있지 않습니까, 초기에? 그런 거를 보고 어떠셨어요? 예은 엄마 입장은 어떠셨습니까?

예은 엄마   제가 지역에서 도서관, 작은도서관 운동도 하고 활동을 했지만, 그때 부모들 대부분이 '정치적'이라는 단어에 굉장히 두려움을 갖고 있었고, 저도 그중에 한 사람이었어요. 그래서 '물론 나중에 시민들하고 연대는 해야겠지만 좀 속도 조절을 했으면 좋겠다' 그런 마음이 있었거든요. 그러다가 처음 동혁이 엄마가 안산 촛불집회 때 가서 발언하는 게 문제가 되고 그랬잖아요. 그래서 그때는 약간 염려하는 마음이 컸었죠. 그런데 집회 현장에 가면서, 그들이 뛰는 걸 보고 '이 사람들의 도움 없이는 우리는 불가능하구나', 그리고 등 돌리고 관심 가져주지 않고 오히려 공격하는 사람들이 많은데, 이 사람들이 이렇게 돕는 것에 대해서 너무 고마운 마음이 들더라구요. 그리고 저희가 본 게 있으니까 '우리가 알고 있는, 우리가 이제서야 알게 된 것들을, 이들은 먼저 알고 있었기 때문에 더 예민하게 반응하지 않았을까?' 그런 생각도 들었기 때문에 같이했죠. 하지만 민주노총 집회라든지(웃음) 그때 갈 때는 부담이 있었죠, 사실.

면담자　　유가족들이 정치적으로 휘말리는 것에 대해서 경계한 것은 일종의 내부에서 자정을 한 것이고, 또 일부 유가족은 '그럴 때가 아니다' 하면서 단독 행동을 하기도 하고, 이게 어찌 보면 꽤 조화로웠을 수도 있다는 생각을, 저는 그 당시에 했어요.

예은 엄마　　예, 저도 그렇게 생각해요. 그때 간담회 가거나 초기에 갔을 때 그런 말들을 많이 했어요. "가족들이 좀 더 일찍 결합했으면 좀 더 힘 있게 가지 않았을까?" 그렇게 얘기하시는데 제가 그분들한테 "저희 가족들이, 구성원 전체가 워낙에 다양하기 때문에 그 안에서 서로 조율하는 시간이 우리한테는 필요했고, 우리가 충분히 그 시간을 가졌던 것에 대해서 후회 없다. 만약에 속도가, 좀 더 강경한 사람들이, 예를 들어서 예은 아빠가 더 강하게 끌 순 있었어요. 그런데 예은 아빠가 그걸 되게 염려했어요, 오히려. 그리고 속도 조절을 시켰거든요, 예은 아빠가. 그래서 너무 급하게 나아가지 않을 것에 대한 조절은 오히려 예은 아빠가 했는데, 그 시기가 없었다면 저희 유가족이 이렇게 많이 남지 못했죠. 더 많이 떨어져 나갔을 거예요. 그래서 오히려 우리한테는 그 시간이, 여러분이 봤을 때는 답답했을지 몰라도, 우리한테는 너무나 다르게 살아왔기 때문에 이거를 인지하는 데까지 드는 그런 숙고의 시간들이 우리한테 필요했다, 그렇게 이해했죠.

면담자　　국민들도 유가족들이 어떤 경향을 강하게 띠고 움직일 때는, 초기에 결합하기가 쉽지 않았을 측면, (예은 엄마 : 맞아요)

또 한 측면은 지금 말씀해 주신 거죠?

예은 엄마   예. 저는 가족들 입장을, 양자를 위해서는 잘됐다고 저는 생각을 해요. 좀 더디게 가긴 했지만.

면담자   그러다가 예은 어머니가 '100일 집회' 때 시청 앞에서 공식적으로는 아마 처음 (예은 엄마 : 처음. 그때 갑자기 섭외가 돼서) 발언을 하셨죠?

예은 엄마   네.

면담자   개인적으로 공식적인 석상에서 발언을 하신 측면도 있지만, 또 유가족들이 시민운동과 결합한 처음 일이기도 하죠. 100일 집회를 앞두고 그런 논의가 그 당시에 좀 있었는지, 또 그런 상황 변화를 보시면서 예은 엄마가 어떤 마음가짐이었는지, 또 그 집회에서 발언한 것에 대한 소회랄까, 그런 것들을 합쳐서 말해주시면 좋겠습니다.

예은 엄마   그때가 언제였냐면, 저희가 반별로 버스를 나눠서 전국으로 특별법 서명을 받으러 떠나고, 그리고 전국을 돌아서 서울에 집결하는, 마지막에 날짜를 맞춰서 집결하는 날이었어요. 그래서 저희는 포항으로 해서, 대구로 해서, 청주로 해서, 돌아가지고 서울로 오는 길이었거든요. 그런데 그 여정이 저희한테는 정말 잊을 수 없는 여정이었어요. 포항이란 데를 처음 가봤거든요, 그때. 그래 가지고… 무서웠어요. 무서웠는데 가족들의 염려와는 달리 너무 많이 환대해 주시고 예상외로 많은 사람들이 같이 아파하는 걸 봤고. 대구에서도 심지어 "저희 3반 가족들이 대구에서 우리 두들겨 맞는 거 아냐?" 그런 얘기까지 했거든요. 그런데 대구에서 가장 많이 서명을 받았고, 1000명을 서명받아 온 애기 엄마들이 있었어요. 청주는 또 청주대로의 기억이, 지역의 종교단체들이 같이 결합해서 함께해 주시고. 그래서 저희 가족들한테는 잊을 수 없는 순간이에요, 특히 3반 가족들한테는.

그래서 이제까지 뭔가 거리를 두고 '우리가 시민단체하고 결합하는 게 괜찮을까?' 그런 걸 계속 마음속으로 조율하던 중에, 어느 정도 믿음과 확신을 가졌던 여정이라고 생각해요. 그러고 나서 서울에 집결해서 밥을 먹고 있는데, 갑자기 섭외가 들어와서, 제가 밥을 먹다 말고 나가서 급히 글을 써가지고 올라간 거죠. 그래서 2박 3일인가 3박 4일간의 여정의 감정을 담아서 제가 그때 이야기를 했던 거예요.

면담자   조금 말씀하시다가 우셨어요.

예은 엄마   예. 모여 있는 사람들을 보는데, 저희 가족이 처음부터 가장 힘들었던 것 중에 하나가 외롭다는 거. 왜냐면 물론 많은 분들이 연대를 하고 계시지만 그걸 시각적으로 보는 자리였기 때문에…. 참 많은 게 교차를 했죠. 많이 모인 시민들 때문에 울컥하기도 했고, 그 앞자리에 앉아 있는 가족들을 보면서 좀 울컥했던 거 같아요. 생전, 이런 자리 와보지 못했던 사람들이 그 자리에 앉아 있다는 게. 그리고 나중에 구호 외치고 촛불 들기 시작할 때면 싹 그때 가족들이 빠졌거든요, 그 당시만 해도. 그래서 그런 게 좀 울컥했죠.

3
시민사회와 함께하기 시작한 가족들의 첫 출발

면담자　　가족들이 박근혜를 탄핵하는 촛불시위 때 한 번도 안 빠지고 최전선에 서서(웃음) 집회 참가자들을 이끄셨어요. 초기에 조심스러웠던 상황과 촛불 때를 생각을 해보면 참 여러 가지를 느끼게 하네요.

예은 엄마　　엄청 많이 변했죠. 그것뿐이 아니고 처음에 가족회의가 와스타디움 2층에 있는 강당에서 했거든요. 처음 모임 완전 개판이었어요. 고성이 오가고, 쌍욕을 하고, 감정들이 격해서, 바로 전날 장례식을 마치고 온 사람들도 있고. 주먹다짐으로 싸우는 부모들도 있고, 암담하더라고요. 와, 난 이런데 예은 아빠는 평소에 이런 지옥 같은 상황에서 이 사람들이랑 어떻게 조율하면서 여기까지 끌고 왔는지 싶더라구요.

　　그런데 그 회의를 한 번, 두 번 겪으면서 정말 많이 바뀌었어요, 가족들이. 집중력도 너무 대단했고, 그때그때 내는 의견들에 대해서 너무 빨리빨리 변했어요. 그러니까 발언에 대한 규칙을 정하고,

125 ·
4회차

토론을 하고, 대표를 세우고, 나중에는 투표를 하고, 투표 방법의 문제점에 대해서 문제 제기를 하고, 그다음 회의 때는 그게 조정이 되고. 그러다가 이름표가 생기고. 가정별로 투표권을 하나씩만 주는 걸로 해서 정리를 하고, 그런 과정들이 그 안에서 한 한 달, 한 달 반 사이에 이루어졌어요. 제 입장에서는 '이야, 이게 민주주의라는 게 이런 식으로 태동되지 않았을까'라는 그런 느낌이 들기도 하고, 굉장히 가족들이 자랑스럽기도 하고, 저희 스스로한테는 정말 놀라운 경험이었어요.

4
작은도서관협의회를 중심으로 한 세월호 알림 활동

면담자　　　100일 집회 때는 그 많은 집회 참여자들 앞에서 발언도 하시고… 이제 입장이 바뀌신 거예요. '자, 이제는 내가 무슨 역할을 어떻게 해야겠다' 그런 생각을, 그 정도 시점에 하신 거예요?

예은 엄마　　　그때는 저도 경계선에 아직은 서 있을 때여서… 확 결정을 내리기 전이었던 거 같아요, 그 순간에는. '이 지점에서 도대체 나는 뭘 해야 될까' 그런 고민들이 있었죠. '어떻게 해서든지 이 사실을 알려야겠구나', 제가 할 수 있는 일은 그것밖에 없다는 생각이 들었어요. 잘하는 건 아니지만 제가 하는 거는, 글을 쓰고, 또 글로, 말로 설득을 하고 그런 게, 어떻게 보면 저에게는 달란트

[남다른 능력]라면 달란트니까… 그런 일을 하면 좋겠다. 그리고 제가 계속 교회 일을 하고 있었기 때문에 제약이 있었어요. 그래서 제가 활동할 수 있는 게, 다른 유가족처럼 계속해서 분향소를 지킨다든지, 아니면 계속해서 노숙한다든지 그걸 할 수가 없었어요. 국회라든지 아니면 청운동이라든지 광화문 같은 곳을 1차적으로 예은 아빠가 상주를 하고 있었기 때문에 저는 애들을 지켜야 됐고, 2차적으로는 제가 계속해서 교회하고 도서관을 운영하고 있었거든요.

그리고 2014년 4월 7일 날 제가 작은도서관협의회 회장으로 취임을 했어요, 그것도 단원고등학교 바로 앞에 있는 건물에서. 벚꽃이 흐드러지는 창문 배경에, 단원고 앞 건물 명성교회 3층 건물에서 취임식을 하면서, 제가 "저 꽃이 예쁘게 핀 저 학교에 저희 딸이 다녀요"라고 얘기를 했었던 거 같아요. 일 터지고 나서, 거의 일주일 만에 일이 터진 거니까, 취임하고 나서. 한 달을 그냥 휙 시간이 지나가 버린 거고. 그다음에 이거를 놔야 되나 말아야 되나, 제가 계속해야 되나 말아야 되나, 그것도 고민하고 있었거든요.

그런데 교회 일하고 도서관 일을 그냥 해야겠다고 결정을 했어요. 왜냐하면 '그 통로를 통해서라도 세월호를 알려야겠다'라는 생각이 들어서. 교회는 교회대로 내가 붙잡고 종교계 쪽으로 내가 할 수 있는 한 나는 알려야겠다. 가서 바짓가랑이 붙잡고라도 알려야겠다. 안산 작은도서관협의회 소속 작은도서관들이 있으니까 '이 지역 도서관을 기반으로 해서 지역 주민들한테 알려야겠다, 그 일이 내가 할 일이다' 그때는 그런 생각을 했죠. 그리고 발언 같은 경우에는 한 번 그렇게 하고 나니까 발언 섭외가 많이 들어왔어요. 그래서 처음에는 열심히 했죠.

하다가 어느 목사님이 옆에서 코치를 해주시더라구요. 그래서 "예은이 엄마가 잘하고 있는데 나중에 공격이 들어올 수 있다, 혼자만 하면. 그러니까 주변에 엄마들을 세워 놓는 일을 해봐라. 발언할 때 같이 데려가서 보게 하고 발언을 하게 하고, 꼭 예은 엄마가 먼저 발언을 하지 말고, 그 엄마들이 먼저 하게 한 다음에 그 엄마들이 하지 못한 이야기만 살짝 얹으면 된다" 그런 코치를 해주셨어요. 그래서 그다음부터는 그렇게 교회 쪽으로 알리는 일을 하고, 지역에서는 작은도서관 또는 시민사회단체 통해서 계속 제가 노크를 했죠, 자리를 만들어달라고. 그렇게 하고 발언 기회가 오면 그때마다 꼭 다른 부모님을 한 분 데리고 간 거죠.

면담자   작은도서관협의회 그 얘기를 조금 구체적으로 소개했으면 좋겠는데요. 도서관에서 4·16과 관련해서 무언가를 알린다는 게 그렇게 쉽게 상상은 안 되거든요. (예은 엄마 : 아, 저는 상상이 돼요. 왜냐하면…) 그래서 구체적으로 어떤 계획을 세우고 어떤 일을 하셨는지를 조금 소개해 주시면 좋을 거 같아요. 별로 알려진 일이 아니라서.

예은 엄마   저희 가족들이 이사를 온 게, 2004년 12월 달에 이사를 왔어요. 그리고 2005년도부터 지금 화정교회를 다니기 시작을 했는데, 거기 목사님이 작은도서관 하나를 만들어주기를 원하셨죠.

예은 엄마 박은희

그런데 제가 부천에서 이사를 왔기 때문에, 부천은 이미 작은도서 관 인프라가 다 충족이 된 상태에서 그걸 향유하다가 왔어요. 그래 서 목사님의 그런 요청에 너무 반가웠고, 그래서 마을에서 도서관 을 만들고, 지역에서 같이 연대해서 활동을 한 거죠. 그런데 작은도 서관들이 느슨하게 네트워크로 있다가 협의회로 만들어진 게 2014 년 4월 7일 날 만들어진 거고, 그 전에도 제가 계속 회장을 했지만 공식적으로 협의회 회장으로 취임한 건 2014년이 처음이었고.

작은도서관이 일반 도서관하고 좀 다른 게, 마을공동체 활동의 성격이 좀 강해요. 그러니까 작은도서관 안에는 크고 작은 모임이 많아요. 아이들의 모임도 있고, 어른들의 모임도 있고. 지역에서 지역 주민들하고 하는 연대활동도 되게 많구요. 그래서 그게… 모 임이 있다는 것에, 저는 그 모임에서 이야기를 하고 싶은 거였죠. 그래서 관장님들한테 "도서관마다 있는 그 모임에 나를 좀 초대를 해달라. 내가 가서 세월호 관련해서 조금이라도 이야기를 해주고 싶다. 내가 관장님들한테 이야기하는 것과, 내가 직접 가서 이야기 하는 것하고 다르니까 나한테 기회를 달라"고 해서 일정을 잡았죠.

그래서 지역에 있는 작은도서관들을 돌면서 책모임에 가서, 책 모임이 끝나고 나면, 제가 그 말미에 가서 이야기를 하는 거죠. 그 리고 그때도 갈 때 제가 혼자 안 갔구요, 항상. 엄마들 한 명을 데 리고 갔어요. 영만이 엄마도 데리고 가고, 주변에 눈에 띄는 엄마 들, 윤민이 어머니도 데리고 가고, 그런 식으로 해서 엄마들을 한 명씩 데리고 가서 이야기를 했어요. 그래서 저는 주로 지금의 현황이라든지, 언론에 보도되지 않았던 내용들이라든지, 지금 뭐가 다급한지 그런 것들에 대해서 지역 주민들한테 이야기하고, 같이 온 엄마들한테는 뭐, 자녀 이야기를 한다든지 본인들이 어렵지 않은 이야기를 할 수 있도록 도와줬죠.

면담자　　　안산 작은도서관협의회에 모여 있는 작은도서관이 몇 개였어요?

예은 엄마　　그렇게 많지는 않았어요. 한 15개 정도였거든요. 그래도 그렇게 돌면서 안산 작은도서관협의회의 주 멤버들은 YMCA에서, 위탁도서관에서 처음 시작한 도서관들이 주거든요. 그래서 그 YMCA가 시민사회단체잖아요. 그분들이 안산 시민사회단체하고 또 잘 알고 계셨어요. 그래서 그분들 소개로 다른 YWCA라든지 YMCA라든지 간담회 하러 갔죠.

5
세월호특별법 제정 과정에 대한 소회

면담자　　　2014년에 어려웠던 일 중에 하나가, 결국은 수사권과 기소권을 포기하고, 그런데 참 신기하게도 유가족들이 그것을 투표를 해서 동의를 하고, 그런 민주적인 의사결정과정을 통해서 합의 통과시키는 과정을 거치잖아요? 그때 예은 엄마 마음은 어떠셨어요? 사실 저는 그 당시 반대 입장을 갖고 있었거든요.

예은 엄마　　　가족들도 불쾌했어요. 처음에 저희가 특별법 만들면서 제일 처음에 논란이 된 거는 특별전형이었어요. 그래서 그것 때문에 가족들 안에서도 말이 많았죠. 이걸 받아야 되느냐? 넣어야 되느냐, 말아야 되느냐. 그런데 결국은 저희들이 투표를 해서 거의 95프로가 '지금은 그게 문제가 아니고, 진상 규명이 문제니까 그건 일단 빼고 가자'라고 나왔어요. 그런데 투표하기 전까지만 해도 저희 유가족들은 서로를 못 믿었거든요. '누구는 분명히 반대표를 던질 거다'라고 했는데 거의 100프로 가깝게 '진상 규명이 먼저다'라고 다들 그렇게 얘기를 해서 너무 감동했죠, 서로. 울기도 했고.

면담자　　　특별법 초안에 진상 규명과 관련 없는, 일종의 유가족들을 위한 뭔가의 조항들이 들어가 있었다, 그중에 가장 대표적인 게 특별전형이었다, 이런 얘기예요?

예은 엄마　　　아니요. 처음에 유가족이 제안한 특별법을 저희가 만들어야 됐는데, 저희가 특별법에 대해서 아는 게 없잖아요. 그래서 정치인들보고 만들어오라고 이야기를 했어요. 그래서 그걸 비교를 했죠. 당시에 여당이었던 한나라당에서 만들어온 거, 그다음에 민주당에서 만들어온 거, 정의당에서 만들어온 거, 이렇게 세 개를 놓고 저희가 골라야 됐거든요. 그런데 그 당시 민주당에서도 그 특별전형에 관한 이야기들이 나왔거든요. 사회적으로 많이 공격을 받기도 했고. 그럼에도 불구하고 고3 학생을 둔 부모들이 울면서 얘기했어요. "아이들이 학교도 못 가고 있는 상황에서 애들이 정말 엄청난 피해자인데, 이 애들을 그냥 대학교에 가라고 하는 거는 이거는 평등한 게 아니다. 공평하지 않다" 그런 이야기들이 있었거든요.

면담자   희생자 형제자매들[에] 대한 특별전형 얘기였죠?

예은 엄마   형제자매들. 왜냐면 그 당시에는 저희 아이가 2학년이었잖아요. 위에 형제자매 중에 3학년인 애들이 있잖아요, 고3인 애들이. 그래서 그게 초기에 굉장히 가족들 안에서 논쟁거리가 됐어요. 저희가 첫 번째 특별법 관련해서 처음으로 한 투표가 그거였어요. 그 특별전형에 대해서, 우리가 국회에 가족들이 원하는 초안을 낼 때, 그거를 넣을까 말까를 놓고서 엄청 싸웠어요. 그거하고 의사자 문제하고. 그런데 저희가 제안하는 특별법에 그 두 가지를 뺐죠. 그래서 저희는 이게, 고3을 둔 부모들이 많았으니까. 그 부모들한테 미안한 마음도 있고, 그런 상황에서 이런 결정을 해준 게, 진짜 그때 학교도 못 가고, 먹는 거 다 토하고 그러는 언니, 오빠들이 굉장히 많았거든요. 그래서 미안한 마음, 고마운 마음이 짬뽕이 돼서 제가 다 울었어요.

그렇게 해서 초안을 내고. 내는 날 저희는 서명을 받으러 또 전국으로 돌고 있었거든요. 그런데 그게 뉴스에 안 나오고, 대신 나온 게 보상금에 관한 빨간 자막이 뜬 거죠. 그때는 저희가 너무 좌절했죠. 우리는 정말 이렇게 감격스러운 결과를 도출해 냈는데, 그게 언론에 보도가 되지도 않고, 오히려 보상금 프레임으로 모든 방송에 시뻘건 자막으로 '얼마큼 보상을 받느냐' 그게 나왔으니까. 그게 첫 번째 투표였고, 두 번째는 민주당에 여자 국회의원 이름이, 갑자기 생각이 안 나네…. 영등포구에, 이름이 뭐죠? 박영선. 박영선 의원하고 국회에서 저희가 여러 번 싸웠어요. 저희 가족들이 국회에서 노숙하면서 느꼈어요.

면담자   당시, 원내대표?

예은 엄마   네. 박영선 의원이랑 기소권, 수사권에 대한 얘기를 계속했는데 민주당이 의지가 없다는 걸 저희가 봤어요. '이게 어떤 대의를 가지고 밀어붙이는 작업이 아니고 이들은 이게 하나의 딜[거래]이구나'라는 생각을 하게 됐어요. 우리가 세월호법을 밀기 위해서는 한나라당한테 또 뭔가를 줘야 되는, 그런 협상이 보이더라구요, 민주당하고 한나라당 사이에서. 그래서 너…무 답답했어요. 저희가 봤을 땐, 민주당이, 그리고 생각보다 많은 민주당원들이 와서 저희를 격려하거나 그러지도 않았어요. 그래서 '이 특별법 만드는 게 쉽지가 않겠구나'라는 거를 그때 저희가 깨달았죠.

그리고 몇 개월을 거기서 노숙하고, 또 박영선 의원이랑 얘기를 하면서 제가 엄청 싸웠거든요, 박영선이랑. "야당이 맞냐. 야당이면 말 그대로 너희들은 들판 한가운데서 정말 야수처럼 같이 싸워야 되는 거 아니냐, 국민들 등에 업고. 왜 그렇게 겁쟁이처럼 서 있냐. 너희 야당 아니다. 우리는 밥그릇 포기하고 싸운다. 죽을 마음으로 싸우는데, 너희들은 밥그릇 붙들고 그렇게 싸워가지고는 이 싸움 못 이긴다. 그러니 제발 우리처럼, 잠깐, 지금만이라도 밥 그릇 내려놓고 싸워달라. 그래야지 이 법이 만들어질 수 있다. 그러니 제발 만들어달라" 했는데 한 치의 양보도 없더라고요, 박영선 의원이.

면담자   그러다가 8월 초에 박영선 의원의 일종의 야합이 있었고 광화문에서 난리가 났죠.

예은 엄마   그래서 그 법을 가지고 왔어요. 법을 가지고 와서 저희가 특별법 관련한 두 번째 투표를 하게 된 거죠. 그런데 그때… 이 법을 받아들일지, 안 받아들일지, 박영선 의원이 협상해 온 법을 받아들일지 안 받아들일지에 대한 투표가 있었죠. 그런데 박영선 의원에 대한 분노가 오히려 가족들이 너무 컸어요. 굉장히 토론 시간이 길었어요, 가족들이. 정말 의미 있는 토론이었어요. 반별로도 토론하고, 대표 발언도 하고, 추가로 이야기도 하고.

굉장히 활발하게 의견을 주고받는데, 한 아빠가 "투표 제목부터 바꿔라. 박영선 의원의 제안을 받아들일지 아닐지에 대한 투표를 하는 게 맞지 않다. 기존에 우리의 제안을 그대로 갈지 말지, 두 가지 중에 하나를 투표하는 거다" 가족들이 막 "와!" 그러면서 맞다고. 우리가 왜 지금 박영선 거를 받을지 안 받을지를 가지고 투표를 해야 되냐. 아버지 말씀대로 우리가 기존에 갖고 있던 원칙대로 갈 건지, 이거를 포기할 건지, 거기에 대해서 투표를 하자고 그랬어요. 훨씬 더 설득력이 있는 거죠. 이거 받을지 안 받을지와 우리

예은 엄마 박은희

가 계속 갈 건지 포기할 건지. 포기는 저희 가족들한테는 정말 죽음 같은 거잖아요. 그런데 그 아빠가 그 제안을 해준 게 너무 고맙더라고. 너무 고마웠어요. 그래서 그때 90프로 넘게 원안대로 가자, 그렇게 된 거였죠.

면담자　　　누구였어요?

예은 엄마　　기억이, 안 나요. 기억이 안 나는데(웃음).

면담자　　　알겠습니다.

예은 엄마　　근데, 저희가 매번 회의 때마다 느낀 게, 집단지성? 대표될 만한 임원들이 아니고요, 평소에 별로 튀지 않는 사람들이 툭툭 던진 말 한마디, 한마디가 정말 그때그때마다… 막. 후회돼요, '이걸 다 녹음해 뒀어야 되는데, 다 적어놨어야 되는데…'. 그런데 그 제안이 그때는 가장 인상에 남아요.

면담자　　　그래서 8월 이후에도 계속해서 기소권과 수사권을 위해 광화문에서 계속 투쟁을 하고, 그 이후에도 큰 집회들을 계속 만들어가고, 국회에 서명 전달하고, 이런 과정들이 진행이 됐는데. 아까 제가 처음에 질문했듯이 결국은 (예은 엄마 : 넘어갔죠) 수사권과 기소권을 뺀 특별법을 우리가 받아들이고 갈 수밖에 없었잖아요? 그렇게 전환되어 가는 과정에 대해서 기억나는 게 있으면 말씀해 주세요. 박영선은 이겼는데.

예은 엄마　　네. 박영선은 이겼지만 계속적으로 회의가 있었잖아요. 회의가 있을 때마다 국회에 있으면 '지금 무슨 회의가 있다' 그러고, 가족들이 들어가고 회의하고 나온 다음에 브리핑을 하고 그런 일들이 계속 반복이 됐거든요. 진척이 없는 거예요. 의지도 없고, 야당이. 어느 정도 가족들이 감을 잡았죠. 어렵겠구나…. 하지만 결론이 나오기 전까지, 끝까지 싸우는 그런 마음으로 했는데, 어느 한순간 특별법 준비팀에서 결단을 내린 거 같더라구요. 이렇게 하다가는 안 되니까 협상을 해서 이렇게라도 하자, 그러고 나서 저희들한테 와서 설득을 했어요, 그분들이.

그때부터 준비하는 변호사들이 와서 "부모님, 죄송한데 이만큼 하신 것도 대단하다"[고]. 되게 서운했죠, 저희들 입장에서는. 우린 그분들만 믿고 '그분들이 설득해 주겠지'라고 생각을 했는데, 나중에는 민주당 의원들이 와서 설득하고, 또 변호사들이 와서 저희를 설득하고, 나중에는 임원들이 와서 설득할 수밖에 없는 그런 상황이. 그래서 그때 많이 갈라선 분들도 계시죠. 강경했던 분들은 '임원들 뭔가 있다. 뒤에 딜[거래]이 있는 거 아니냐'라는 것부터 시작해서 악성, 온갖 루머들이, 임원들과 관련된 루머들이 돌았죠. '돈을 받았을 것이다'라는 얘기부터 시작해서(웃음). 그래서 정말 저희는 특별법이 통과됐을 때 솔직히 안 기뻤어요, 가족들은.

면담자   좀 확인이 필요하긴 한데, 그때 변호사들이 와서 설명했다고 얘기하신 것이, 혹시 국민대책위 쪽이었습니까? 예를 들어서 이태호 처장이라든지 이런 사람들이 아니고? 변호사? 박종운 변호사나 이런 분이었어요?

예은 엄마 박은희

예은 엄마　　　네. 가족들 입장에서는 전문가가 그렇게 설명을 하고 "이전의 특별법에 비해서는 굉장히 진일보한 특별법이다. 그리고 이렇게 단기간에 특별법을 만드는 게 쉽지가 않고. 일단은 이 정권 안에서는 증거인멸이 계속해서 이루어지고 있으니까, 조속히 만드는 게 필요하다"라는 그 말에 가족들이 할 수 없이 넘어간 거죠. 증거인멸이 계속해서 이루어지고 있다고 하니까. 시간적으로 너무 촉박하다는 그 마음 때문에 들을 수밖에 없었죠.

면담자　　　특별법에 관해서 두 가지만 더 여쭈면 될 거 같은데요. 하나는, 상록구의 전해철 의원이 특별법 조문 만들고 하는 데도 깊이 관여를 했고, 박종운 변호사도 기본적으로는 민주당 사이드를 대표하는 변호사로서 움직인 것으로 판단이 되는데, 그러면 최소한 전해철 의원 등은 이것과 관련해서 '정말 들에서 야수와 같이 싸워줘야 되는 거 아니냐' 이런 생각은 안 하셨습니까? 그러니까 전략적으로도 박영선을 압박하기보다는 전해철 의원 등을 설득하는 것이 (예은 엄마 : 얘기했죠, 다 했죠) 중요하다고 생각하지는 않으셨나요?

예은 엄마　　　저희들이 전해철 의원뿐만이 아니라 변호사들도 그렇고 정말… 국민대책위도 그렇고(웃음). 그분들이 그랬어요. '저희보다 여러분이 더 강성'이라고, 그럴 정도로, 가족들은 "우리는 죽으면 죽었지 포기 못 한다, 수사권, 기소권" 그렇게 얘기를 했거든요. 그런데 끊임없이 민주당, 전해철 의원을 비롯한 세월호준비특

위부터 시작해 가지고 계속해서 저희 가족들한테 "이게 시간적으로 더 넘길 수가 없다"라는 말을 계속해서 했기 때문에, 가족들이 그 두 가지 사이에서 계속 고민을 한 거예요. 이거를, 완벽한 특별법을 위해서 우리가 시간이 걸리더라도 길게 끌고 갈 것이냐, 또 하나는 조사라는 측면에서 시간을 길게 끌지 않고 신속하게 빨리 이거를 처리해야 되느냐, 그 두 가지에서 저희 가족들도 엄청 고민했어요, 어느 게 더 먼저인지. 그러다가 국회에서 계속 국회의원들을 보고 매번 회의 결과들을 보면서 '이런 의지를 가지고선 시간을 끌다가 아예 못 만들 수 있겠다'라는 그런 두려움도 있었던 거죠.

면담자　　　그 상간에, 대표적으로는 이태호 처장 등이 제한적인 수사권과 특검과 연결 짓는, 좀 특별한 특별법을 만들자는 제안을 하고 있었어요. 그런데 결국은 그건 묻히고 전해철 의원 등이 초안을 만든 민주당 법안을 유가족들이 합의를 해줘 버리는, 결과적으로 그렇게 된 거죠.

예은 엄마　　　그렇죠. 그렇게 될 수밖에 없었죠.

면담자　　　혹시 그런 안이 있었다는 걸 알고 계셨는지요?

예은 엄마　　　그렇게 자세하게는 저희는 몰랐죠. 하지만 전해철 의원을 비롯한 민주당, 박종운 변호사라든지 그 그룹이 그렇게 밀고 가는 것에 대해서, 가족들이 이미 감지를 하고, 와서도 여러 번 설득을 했으니까요. 굉장히 불쾌했죠. 불쾌했지만 저희가 또 그 사람들을 앞에 내세워서 일을 해야 되니까, 어쩔 수 없이 들어줄 수

예은 엄마 박은희

밖에 없는 형국이 되어버린 거죠, 마지막에는.

면담자   그리고 지원, 보상과 관련된, 저는 '제2특별법'이라고 지칭을 하는데, 그게 같이 추진이 되거든요. 그거에 대해서는 유가족들이 많이 알고 있었습니까?

예은 엄마   그거는 계속 얘기를, 설명을 해줬죠, 그 부분에 대해서도.

면담자   결국은 진상규명특별법과 지원보상특별법의 내용이 현재 유가족들의 발목을 잡고 있다 그런 해석도 가능한데, 법 제정 이후 시간이 많이 지난 지금 예은 엄마는 이에 대해서 어떻게 보세요?

예은 엄마   글쎄요. 저는 그런 부분에 대해서는 잘 몰라서 뭐라고 말씀을 드릴 수 없고. 그 당시 저희 가족들은 국회의원들은 이걸 다 "동시에 준비해야 되는 작업이다"라고 계속해서 강조를 했고, 저희 가족 입장에서는 그런 게 눈에 보이지도 않고 귀에도 안 들어왔거든요, 솔직히. 그렇게 두 개 다 좇을 여력으로 그냥 이 수사권, 기소권이 들어가는 특별법에 매진을 해주길 바랐거든요.

면담자   이거 관련해서 마지막 질문입니다만, 그래서 수사권, 기소권을 포기한 특별법안을 마지막 투표로 해서 마무리를 하시는데, 그 회의는 어디서 진행됐습니까?

예은 엄마   미술관 강당에서 했죠.

면담자   그때 어떠셨어요?

예은 엄마   그때 회의는 잘 기억이 안 나요. 제가 너무 싫었던 거 같아요. 인상적이지 않았고. 그러니깐 어쩔 수 없이 받아들여야 된다는 그런 설명을 구구절절하게 듣고 투표를 했으니까…. 그렇게 예전처럼 많은 사람들이 찬성하지는 않았던 거 같아요, 제 기억에는.

6

2015년 초, 예은 엄마의 활동 내용

면담자   2014년이 지나가면서 11월에 수색 중단이 있었고, 그다음 해인 2015년에 인양이 논의되기 시작했고, 4월이 되면 또 보상을 가지고 공격을 해 들어오고, 동시에 특별법 시행령을 강행하려 했지요. 이런 큰 덩어리 세 개가 같이 움직이는 상황이었잖아요, 2015년 초. 그때 예은 엄마는 주로 어떤 활동을 하셨는지 그 얘기를 좀 듣고 싶습니다.

예은 엄마   그때는 거의 뭐 간담회 때문에 정신없었죠. 제가 처음 간담회 간 게, 2014년 5월에 저희 어머님이 주관하는 총회에서 간담회를 제일 먼저, 간담회라기보다도 발언이죠. 저희 어머님도 되게 앞서가신 분이라. 원래는 굉장히 보수적인 분인데. "어떻게 해서든지 이건 사람들에게 알려야 된다" 그래서 저희 어머님이 전국 여장로회, 교단 통틀어서 연합으로 있는 장로회가 있는데, 거기 회장이셨거든요. 그때 저를 부르시더라구요. "와서 얘기해라, 여기 서" 거기 7, 80대 되는 노인들을 앉혀 놓고. 그게 처음이고, 그리고 그즈음에 제가 도서관하고, 그다음, 교회마다 찾아다니면서 말을 하는 걸 시작을 했구요. 그러다가 7월, 8월 넘어가면서 본격적으로 대학생들 대상으로 한 간담회들, 지역사회단체에서 하고, 또 전국 에 있는 책모임이라든지, 도서관, 공동체 그런 데로 뛰어다니고 했 죠. 2015년도에도 거의, 하루에 많을 때는 세 군데, 일주일에 보통 기본 두세 군데에서 여섯 군데 가까이 간담회를 다녔던 거 같아요.

면담자　　　2015년 2월경에 인양에 대한 공식적인 정부발표가 있었고, 그 뒤에 상하이샐비지가 인양 업체로 선정이 되어 인양이 시작이 되지 않습니까? 이에 대해 예은 어머니는 어떤 시선으로 보 고 계셨어요?

예은 엄마　　　저희 가족들 대부분이 믿질 못 했죠, 상하이샐비지 자체가[를]. 그리고 너무 많은 게 차단이 돼 있으니까. 그래서 많이 기대하면서도 염려가 됐죠. 인양 과정에서 유실이 되거나 파손이 되는 거에 대한 염려들이 되게 컸고.

면담자　　　그래서 동거차도로 올라가는 일이….

예은 엄마　　　믿을 수가 없으니까. 저는 가보진 못했어요. 동거차 도, 저는.

면담자　　　　반별로 돌아가면서 동거차도에서 (예은 엄마 : 네. 반별로 갔죠) 말하자면 감시 활동을 하는 건데. 동거차도에 가서 망원 카메라로 그 과정을 촬영을 한들 무슨 증거자료가 나오는 것도 아니고, 뭐 이렇게 생각하기 쉽거든요. 그런데 동수 아빠 얘기를 빌자면, 우리가 감시하고 있다는 것에 대한 명확한 표시일 뿐만 아니라, 배들이 들고 나고 하는 큰 움직임에 대해서는 실제로 체크를 하고 있고, 해수부에서 나오는 진행 보고와 우리의 관찰 결과를 비교하고 하면, 이거는 생각보다 큰 작업이다, 이런 확신을 갖고 계시더라구요. 그래서 유가족들이 그거를 어느 정도 그렇게 받아들였는지 궁금했거든요.

예은 엄마　　　물론 가족들 중에서도 반대하는 사람들도 있었어요. 왜냐면 그때 즈음에 배 구입에 관한 그런 얘기들이 나왔거든요. 그런데 특위에 사무처에 대한 신임들이, 그렇게 엄청 애를 썼음에도 불구하고 가족들이 늘, 사무처가 아무래도 돈을 관할하는 거니까, 안 좋은 소문들을 또 퍼뜨리는 사람들이 있었어요. '저 돈을 가지고 자기네들이 운영해서 쓴다'라든지, 아니면 막 그런 말들이 너무 많았기 때문에, 뭔가 거액이 들어가는 일에 대해서는 가족들이 색안경을 쓰고 봤거든요. 동거차도 이야기가 나오면서 배 구입을 저희가 해서, 주변을 돌고 그런 과정에서 말이 되게 많았죠. 그래도 반 이상은 그렇게라도 해서 그 상황을 지켜봐야 된다라는 의견이 더 많았어요. 반대하는 사람들도 있긴 했지만. 그거는 활동 안 하거나 뒤에서 수근덕거리는 사람들이었고, 많은 사람들이 그렇게라도 해서 지켜봐야만 한다. 초기에는 조금 부정적인 사람도 있었지만 계속해서 가족들이 동거차도 근황에 대해서 올리고, 알려 주고, 거기서 벌어지는 언론과 다른 상황들에 대해서 이야기를 해줬기 때문에 고마워했죠.

면담자　　　그래서 결국 '진실호'를 구입을 했고, 동수 아빠 등이 진실호를 타고 다니면서 중요한 역할을 했죠. 2015년이 되면 분향소에 예은 어머니 많이 출몰하셨거든요(웃음)?

예은 엄마　　　2015년부터는, 그때는 왜 그랬냐면요, 2014년 때부터 제 눈에 거슬렸던 것 중에 하나가, 초기에는 안 나오다가 가을께부터 나오면서 보면, 천주교 부스에 미사가 매일 있는 거예요. 심지어 하루에 두 번씩. 그게 참사 초기부터 12월 말까지 하루도 끊이지 않고 하더라구요. 고마우면서도 기분이 상했어요. '개신교는 뭐 하고 있는 거지?' 그런 생각이 들어서. 개신교 부스를, 그때 12월 달에 누가 추모분과장이었냐면, 유민이 아버님이 마침 추모분과장이었어요. 그래서 유민이 아버님한테, 분향소 시설 관리를 담당하고 계셨기 때문에, "개신교 부스를 하나만 만들어달라" 요청을 했죠. 그랬더니 "사람도 안 모이는데 왜 하냐"고 막 그러기에 "모일 거다. 만들어만 달라" 요청을 해서 11월부터 졸랐는데 12월 중순경에 기독교 부스가, 그때 정비를 하면서 저쪽으로, 한쪽으로 부스를 몰면서 한 켠에 기독교 부스가 설치가 됐죠. 그래서 처음에는, 저하고 생존자 어머니 한 분하고, 그리고… 2반 반장이었던 애,

이름이 생각이 안 나네.

면담자   온유.

예은 엄마   아, 온유, 온유 엄마하고 그렇게 셋이서 부스를 지켰어요. 그런데 나머지 그 두 분은 관심이 없었어요, 진상 규명에 대해서. 아이는 이제 좋은 곳에 갔으니. 그러니 저하고 좀 맞지 않았죠. 그리고 오시는 목사님들도 성향이 그런 부분에 대해서는 '보내줘야 된다'라는 그런 것들이 너무 강했기 때문에. 나중에 좀 나오시더니 안 나오시더라구요, 기도회 주재도. 그래서 12월 말에 혼자 맨날 앉아 있었죠. 기독교 부스는 만들어놨으니까 지켜야 되니까. 덜컥 겁이 나더라구요.

공간은 만들어놨는데 사람은 없고. 그래서 보름 가까이를 추운데 계속 혼자 왔다 갔다 하다가, 그때 다영이 아빠가 혼자서 임원진에서 좀 떨어져 나갔어요. 떨어져 나가가지고 혼자서 그분은 그분대로 또 교회 예장통합 측으로 돌고 계셨거든요. 그래서 다영이 아빠보고 "기독교 부스가 만들어졌으니까 아버님 알고 있는 기독교분들한테 얘기해서 와서 예배 좀 드려달라고 해라". 그때 다영이 아빠가 금전적인 부분, 지원 그런 거를 많이 요구하면서 다니셨거든요. 그것도 중요하지만 교회라면 천주교처럼 먼저 예배가 우선이다. 그래서 제가 간담회를 가보니까 아쉬운 게, 제가 가서 얘기하는 것도 좋지만 너무 힘들더라구요. 일주일에 여섯 번씩, 일곱 번씩 가니까. 그래서 '그분들이 와서 분향도 하고, 예배도 드려주면 너무 좋겠다'라는 생각이 드는 거예요. 그래서 교회들을 초청하는, 그래서 그분들이 와서 예배를 드리고, 그분들이 간담회를 듣고, 돌아가서 다른 교회에 소문을 내주고. 그거를 생각을 한 거죠.

그렇게 해서 1월부터 예배가 시작이 됐어요. 1월 첫 주에는 익산에 있는 청년들이 그냥 분향소에 분향하러 왔다가, 예배소가 있다는 걸 알고 거기서 예배를 드리고 갔고, 1월 둘째 주부터 다영이 아빠가 예장통합 측에 얘기해서, 당신들 친구들이 매주 목요일마다 와서 기도회를 시작하게 된 거고, 일요일 마지막 주부터 주일예배가 시작이 된 거죠. 그래서 그다음부터는 한 번도 안 쉬고, 진짜 한 번도 안 쉬고 분향소 철거될 때까지, 매주 2회씩 예배가 시작된 거죠. 목요일 기도회하고, 주일예배가. 처음에는 열몇 명 모이다가, 나중에는 100명 가까이 모이게 된 거예요. 그래서 결국은 확장까지 하게 된 거죠. 그 공간을 가족협의회에서도 작은 회의나 교육 같은 거 장소로 사용할 수 있게 됐고, 그 과정에서 오시면 헌금들을 하시니까, 그게 협의회 기탁금으로 계속 저희가 기부를 해서 돌려 넣고, 그분들한테 협의회 지원 요청 같은 것도 할 수 있었고.

초기에 엄마공방이 생긴 것도, 처음에 청운동에만 엄마공방이 있었어요. 그런데 다영이 어머니가 분향소에서 혼자서 바느질하고 노란 리본 만들길래 "여기도 청운동처럼 공방을 만들어라. 내가 그러면 교회 쪽으로 지원을 따 오겠다" 그래서 엄마공방이 생겼죠. 그래서 다영이 어머니가 중심으로 해서 엄마공방 1차로 만들고, 제가 지원해서 연결시켜 주는 작업까지만 한 거죠.

그렇게 하고, 나중에 1기가 끝나고 2기로 성빈 엄마가 왔을 때는 식사 문제가 불거져서 성빈 어머니가 "우리 여기서 밥 먹게 어떻게 할 수 없냐?" 그래서 "그러면 제가 알아보겠다" 해서 식당도, 지원은 목요기도회에 오는 팀한테 얘기를 해서, 식당 집기라든지 그런 거 지원을 하게 된 거고. 또 목공방도 2015년 여름에, 준비를 시작을 해서 그것도 교회, 종교 교단에서 지원을 받아서 목공방도 시작이 된 거죠. 어떻게 보면 목공방, 엄마공방, 식당이라든지 그런 거 처음에 종잣돈을 만드는 일을 예배 처소에서 한 거죠.

면담자　　　　목요기도회도 그렇고 주일예배도 그렇고, 하려면 목사님들을, 계획을 잘 잡아서 하셔야 되잖아요? 그거는 예은 엄마가 직접 하셨습니까?

예은 엄마　　　처음에…는 목요기도회 같은 경우에는 장신대 친구들이 계속 왔어요. 고마운 거죠. '하나님의 선교'라는 동아리 모임이 있어 가지고, 그 팀이 그 광나루에서 2시간 걸려서, 여기까지 매주 목요일마다 왔어요. 그러다가 한 달 지나고 나서부터는 예장통합 사회선교부에 계신 오상윤 목사님이, 사회문제에 되게 참여적인 교회들을 묶어서, 그분들한테 초청을 한 거죠. 그래서 그 교회들이 찾아오기 시작했고. 주일예배 같은 경우는, 처음에는 저희 교회가 오고, 그다음에는 안산에 있는 작은 교회들이 오고, 그러다가 희망교회 김은호 목사님이 같이 붙고, 그러고 나서 예장통합 측 목사님도 오시고. 목요기도회에서 알게 된 예장통합 측 목사님도. 그래서 교단별로 돌렸죠, 연락을 드렸죠. 그래서 교단에서 "뭐 도울 거 없냐?" 초청하면 "우리 예배드리고 있으니까 전체 공지를 내려달라, 교단별로. 예배가 있으니까 와서 같이 예배 좀 드려달라"고 [했어요]. 그래서 언론에도 홍보를 하고, 교단별로도 홍보를 해서 신청을 받았죠. 신청을 받아가지고 그거를 제가 가운데서 조율을 해서 일정을 짜서 계속해서 돌아가게끔 한 거죠.

면담자   4·16합창단도 결국은 기독교 부스에서 연습을 했고 지금 예은 엄마 말씀을 들어보니까 공방, 목공소 그리고 밥값식당까지, 결국은 기독교 부스를 조금 뒤늦게 활성화시킨 것에 힘입은 바가 크네요. 지금 얘기한 활동들이 진상 규명 이외에 유가족들의 공동체적 성장이랄까, 그런 것들을 해갈 수 있는 중요한 기반이 되었잖아요?

예은 엄마   저는 그게 중요하다고 생각했어요. 일단은 가족들을 분향소에 붙들어 놓고 싶었어요. 붙들어 놓아야 되고 '이 사람들이 나가서 힘을 소진하더라도, 이 공간에 있는 동안만큼은 충전을 할 필요가 있다'는 생각을 했기 때문에, '표시는 안 나더라도 뒤에서 그런 서포트하는 작업은 내가 할 수 있겠다', 앞에 나가서 하는 거는 제가 자신이 없는데 '뒤에서 내가 그런 역할을 해줄 수 있다면 해야겠다' 그런 생각이 있었죠.

7
단원고 교실 존치 문제에 대해

면담자　　　　제 기억에도 2015년 예은 엄마는 공식적인 직함이나 (예은 엄마 : 없어요) 이런 것들을 전혀 갖지 않은 상태에서, 다양한 일들을 하고 계신 것을 저도 봤고, 많은 유가족들도 잘 알고 있고 해서, 그 부분에 대한 말씀을 들었습니다. 한 가지 더 남은 이야기가 단원고 교실 건인데요, 그거는 어떻게 보셨어요? 어느 시점부터 교실과 관련된 문제를 생각하셨는지.

예은 엄마　　　　가족들이 2014년도에 단원고 교실을 생각할 여력이 없었죠. 여력이 없었고 아파서 갈 수가 없었어요. 진짜로, 아파서…… 단원고는 단원고[만이] 아니고 그냥 우리 아이 전체였으니까. 가서 그걸 마주한다는 게 너무 힘들었어요, 저희들 입장에서는. 이 일이 길어지고 인양이 안 되잖아요. 인양이 안 됐고 추모공원도 아직 만들어지지 않았고, 그렇다면 이 안산에서, 그리고 전국을 통틀어서 우리 아이들을 가장 강렬하게 기억할 수 있는 장소는 교실밖에 없다는 생각이 들었죠.

그리고 그때 제일 처음 문제 제기한 거는 김종천 국장[4.16기억저장소 사무국장], 너무 고마워요 저는 솔직히. 물론 이 일을 진행하는 방법이 서툰 사람인 건 알고, 의사소통에도 상당한 문제가 있는 건 알긴 하는데, 문제 제기라든지 문제점을 캐치[파악]하는 능력은 분명히 있어요, 그분이. 그래서 그분이 먼저 기억교실에 대한 이야기들을 끄집어내서 화두화시켰을 때, 부모들은 처음에는 거기 별로 동의 안 했어요. 왜냐하면 아프니까. 아픈데, 기존에 있는 학생들이나 부모들한테 폐를 끼치는 거 같은 그런 미안한 마음들이 있었기 때문에 그랬는데. 이게 인양 문제도 갑자기 지지부진되고 그러니까, '그럼 우린 교실이라도 이거 붙들어야 된다'라는 절박함이 가족들한테 확 응집이 된 거죠.

그리고 미처 가보지 못한 교실을, 2015년 기억교실 문제가 나오면서, 화두되면서 교실을 그때 처음으로 부모들이 간 거예요, 참사 있고 나서. 그러고 나서 너무 충격을 받았죠. 그곳에 정지되어 있는 시간을 봤으니까. '여기에 와야지만 사람들이 정말 세월호를 못 잊겠구나' 그런 생각이 들었어요. 저는 개인적으로 그랬어요. '여기가 정말 있어야겠구나. 여기가 있어야지만 기억할 수 있고, 끝까지 싸울 수 있고, 뭐라도 변화를 이뤄내겠구나'라는 그런 마음들이 가족들 사이에, 그때 가보면서 생긴 거예요, 교실을 가보면서.

면담자   결과적으로는 지금 안산교육지원청 쪽으로 교실을 옮겼지만, 교실을 존치하기 위한 싸움의 과정에서 저는 두 가지 정도를 여쭙고 싶어요. 하나는 특히 예은 엄마가 교육청 피케팅에 굉장히 적극적이셨어요. 그리고 또, 아마 언니시죠? 언니도 같이 나오시고, 아마 그랬던 걸로 기억을 하는데. 피케팅에 그렇게 적극적이셨던 이유랄까? 또 피케팅하시면서 들은 생각이랄까, 그런 것들은 무엇이셨어요?

예은 엄마 괘씸해서. 너무 놀랐어요. 교실 문제로 5월 달에 저
희가 갔을 때 너무 놀랐어요. 학교 교장을 비롯한 교사들, 그리고
학교의 분위기[에] 너무 놀랐어요. '이렇게까지 흔적을 없앨 수 있을
까?'라는 것에 경악을 했고, 그 전에도 교사들의 태도 때문에 많은
논란들이 있었거든요. "노란 리본을 한 명도 붙이고 다니지 않더
라", 그걸 보면서 너무 충격이 들었죠. 사실 문제의 시발점인데 교
육청이…. 배를 타고 가는 수학여행을 권유했던 것도 교육청이고,
제가 참사 초기에 처음에 활동을 막 하지 않을 때는 뭘 했냐면, 책
을 미친 듯이 읽었거든요, 이 책 저 책. 배하고 관련된 책이나 세
월호 관련된 책이 나오면…. 그때 제일 처음에 읽은 책이 『내릴 수
없는 배』였어요. 그걸 보고 좀 충격을…. 저자도 너무 미웠고, 지식
인들의 침묵이 이 문제를 키웠구나. 그리고 교육청이 공범이자 주
범이라는 생각이 들더라구요, 『내릴 수 없는 배』를 읽으면서. 그래
서 마음속으로 칼을 갈고 있었는데, 교실이라든지 학교에 그런 흔
적들을 지우는 걸 보면서 분개했죠, 가족들도 그렇고, 저도 그렇고.
그래서 아직도 칼을 갈고 있어요, 교육청은 솔직히…. 언젠가는 진
짜 이 문제를 야기한 그 구조라든지, 책임 있는 사람들은, 칼을 겨
눠서라도, 정말 그건 책임을 물어야 된다라고 벼르고 있거든요.

그래서 사실, 가능성에 대해서는 그렇게 크게 보지는 않았지만,
'우리가 이만큼 화가 나 있다', '너희들을 우리는 아직 용서하지 못
했다'라는 것을 보여주고 싶었어요. 그리고 저희 언니도 생전 피켓
하나 들어본 적이 없는 사람인데 교육청에서 피켓을 처음 와서 들

고서는 저희 언니도 너무 놀란 거에요. 하다못해 지나가면서 인사를 하든지, 죄송하다든지 그런 말이라도 건네는 책임자나 직원들이 있을 거라고 생각을 했어요, 저희 언니가. 그렇잖아요? 저라면 그럴 거 같아요. 제가 교육청 관계자라거나, 아님 학교 관계자라면, 이 일에 대한 일말의 책임이 있는 자로서 이에 대한 그런 미안함이 있을 거라고 생각했는데, 그런 거를 정말 눈꼽만큼도 못 봤어요. 저는 보지 못했어요. 심지어 교육청 차량에도 여전히 단원고처럼, 노란스티커 붙인 차가 없었어요. 나중에 교육감이 얘기를 해가지고 스티커를 붙인 차가 두 대 정도 있었는데, 노란스티커 가운데 딱지도 안 떼고 그냥 붙이고 다니더라구요. 그래서 저희 언니도, 저도 너무 절망했죠.

면담자   또 한 가지가, 결국은 재학생 학부모들과 유가족들의 대결 구도가 만들어졌잖아요?

예은 엄마   그건 학교 측에서 그렇게 한 거죠, 발을 뺐으니까. 그 안에서 교통정리를 했다면 그렇게까지 나가진 않죠, 저희가…. 단원고 교실 문제도 그렇고, 이후에 추모공원 관련해서도 아쉬운 점은, 늘 총대를 유가족으로 하여금 매게끔 하는 이 구조가 과연 옳은가? 단원고 교실의 가치라든지 추모공원의 가치를, 왜 유가족인 우리가 나서서 이걸 말을 하게끔 만드는지, 교육청도 그렇고 안산시도 그렇고 안산 시민단체도 그렇고 너무 서운하죠. 심지어 단원고 교실 문제 관련해서는 예은 아빠 설득을 안산 시민단체들이

151

4회차

했으니까, 그만 포기하시라고. 그런 거를 예은 아빠가, 저는 그걸 한 번 봤지만, 특별법을 처음 만들 때도 얼마나 많은 민주당 의원들이 예은 아빠를 설득을 했겠어요. 동지라고 믿었던 그 사람들한테. 그러니까 예은 아빠가 언젠가 한번 그런 글을 페북에 올린 적이 있었는데, "믿었던 사람으로부터 그런 권고나 아니면 요구를 받을 때가 제일 힘들다. 믿었던 사람이 오히려 나보고 포기하라고 할 때가 제일 힘들다"고 그렇게 얘기를 하더라구요. 그런데 단원고 교실 관련해서는 안산시민대책위, 그리고 4·16국민연대 다 예은 아빠[를] 설득했어요, 그만 포기하라고. 나중에 예은 아빠가 오히려 주적이 됐죠. '예은 아빠가 먼저 포기를 했다', '예은 아빠가 교실을 내주라고 했다' 이렇게 해가지고.

8
2014년에 진행한 독서모임에 대해서

면담자   16년 들어가면서는 특조위가 여러 가지 이슈를 만들어내는 시기였잖아요. 배가 왜 침몰했고, 또 아이들을 왜 구조하지 않았는지? 진상 규명에 큰 두 개의 과제인데 궁금하셨을 거 같아요. (예은 엄마 : 궁금하죠. 궁금하지만) 예은 엄마 같으면 막 찾아보고 이랬을 거 같은데 개인적으로 자료를 본다든지 한 적도 있으셨어요?

예은 엄마   자료 같은 거 보긴 했지만 그렇게 막 분석해서 보진 않았어요. 예은 아빠가 하고 있으니까, 정보 같은 거 예은 아빠한테 물어보고 그렇게 했죠. 그리고 엄마들이 모여서 공부도 하고 그렇게 했지만 그때는 특조위가 진행 중이었으니까 그 결과물들을 보기 원했는데, 저희가 생각했던 것만큼 충분한 내용들이 나오지 않아 가지고 처음에는 의아했고, 나중에는 그게 '자료취합 과정에서 어려움이 있었구나'라는 그런 생각을 하게 된 거죠.

면담자   14년이었습니까? 무슨 독서모임 같은 거 하지 않으셨어요?

예은 엄마   그때는 저희 가족들이, 초기에 했죠. 초기에 책을 모으고, '뭔가 좀 알아야겠다. 정확하게 알아야 되지 않을까' 그런 생각으로 한 거죠. 법이라든지, 민주주의라든지, 알아야지 따질 수 있으니까. 그런데 해보니까, 가족들이 책 읽는 걸 너무 어려워하시더라고, 글이 안 읽힌다고. 그래서 그때 몇 달인가 하고 못 했어요.

면담자   그게 14년이었죠? (예은 엄마 : 네) 아주 빠른 시기에, 말하자면 독서회라는 큰 구상을 하셔서 움직이셨는데.

예은 엄마   예(웃음). 했는데 안 됐고, 나중에 재욱이 언니가 자기 친한 사람들끼리만 따로 모여서 했죠.

면담자   주로 누가 누가 모였는지 혹시 기억이 나세요?

예은 엄마   재욱이 언니하고 친했던 사람들이니까, 다영이 언니, 그다음에 창현이 언니는 좀 다니다 만 거 같고, 그다음에 차웅이, 그다음에 큰 건우, 그리고 다인이… 있어요, 그 같이 어울리는 그룹들이. 저는 솔직히 그룹이 없거든요(웃음). 그룹이 되려면 그만큼 시간 투자를 해야 되는데 저는 그럴 수가 없었어요.

면담자   좋은 세상은 그룹이 없어야 됩니다(웃음). 그리고 그때 책들을 좀 보시면서 저자들한테 얘기도 좀 듣고 그랬다고? (예은 엄마 : 네, 네) 얘기를 들은 바가 있어서.

예은 엄마   예. 그때 왔던 분 중에, 이름들이 왜 이렇게 기억이 안 나냐… 세월호하고 관련해서 책들을 제가 막 읽다 보니까, 그중에 직접 만나보고 싶은 분들은 직접 초청을 해서 이야기를 들었죠. 그래서 연세대 교수님하고, 저기 어디냐… 생각들이 안 나냐… 성신여대 옆에 한성대인가? 거기 무슨 대죠? 성신여대 옆에? (면담자 : 한성대) 예, 거기 교수님하고 그다음에 박주민 변호사하고… 해서 이야기를 들었죠. 나중에 또 기억저장소 오셔서 강의도 한 번 해주셨고, 저희가 도서관에서 초청해서 이야기를 듣기도 했었고, 지식인들 이야기 들으면서. 근데 처음에는 많은 기대를 가졌는데 나중에는 조금 실망도 했어요. 지식인들은 기본적으로 '나는 이만큼의 설명을 할 수는 있지만, 우리는 지식인이기 때문에 이거를 현실로 옮기는 것은 우리 몫이 아니고 그거는 활동가의 몫이다'라고 그렇게 선을 딱 그으시더라고요. 그래서 그런 부분(한숨) 하, 답답함이 좀 있었죠.

면담자   연세대 교수라고 하시면, 아마 박명림 (예은 엄마 : 네, 박명림) 교수님을 얘기하는 거 같고 한성대는 선박 쪽 하시는 분을 얘기하세요?

예은 엄마   아니오. 철학과 교수예요, 그분은. 이 문제에 대해서 어떻게 해석을 해야 되는지. 세월호 관련해서 계속 글을 쓰셨거든요. 그래서 본인도 지식인으로만 남아 있다가 도저히 견딜 수 없어서 이런 글을 쓴 건 처음이라고 하시더라구요. 너무 정확하게 이 문제가 일어난 배경이라든지, 저는 선박 문제로 해서 분석이 들어가는 것보다도, '왜 이런 문제까지 오게끔 됐을까, 이 사회가. 그리고 그 뒤에서 침묵하고 있던 사람들은 누군가' 그게 궁금했죠. 그리고 아까 말씀드렸던 『내릴 수 없는 배』에 작가가 한 말 중에 "이미 우리는 알고 있었다. 지식인들은" 그 얘기를 했어요. "하지만 말하지 못했다"라고 이야기를 하더라구요. 그래서 '자기는 그 배를 탔지만 자기 와이프하고 자식은 안 태웠다'고 그러더라구요. 너무 충격적이었어요. 자기 부인과 자식은 괜찮지만, 제3자가 그렇게 될 걸 알았다는 게, 알고도 침묵했다는 게, 지식인들이. 아, 모르겠어요, 저는 도서관에 있다 보니까 뭔가 문제가 뻥 터지면 제일 먼저 시작하는 게 저는 책을 읽는 거였거든요. 책을 읽고 거기서 뭔가 길을 찾으려고 하고. 그런데 '알고 있는데 침묵하고 있는 너무 많은 지식인들이 이 사회에 있구나'라는 것에 굉장히 좌절을 했어요. 그래서 '책을 읽고 그 저자들을 초대하는 게 별로 의미가 없다'는 생각이 들더라구요, 나중에.

면담자   그러면 정치인 안 되고, 지식인 안 되고, (예은 엄마 : (웃음)) 대통령은 말할 것도 없고, 정부는 가해자고, 어쩌시려고.

예은 엄마   결국은 시민한테 있더라구요. 결론은 그거였어요. 그래서 '시민의 수준이 바뀌기 전에는 아무리 탁월한 지식인, 정치인이 있어도 소용이 없구나'라는 생각이 들더라구요.

면담자   아주 표상적인 사람이, 그런 의미에서는 박주민 변호사인데, 박주민 변호사가 의원 활동을 본격적으로 하시고, 사실 세월호와 관련해서 개인 의원 차원에서는 꽤 했죠. 그런 데서 희망을 보십니까?

예은 엄마   얘기했잖아요, 희망은 시민한테 있다고(웃음).

면담자   박주민 변호사는 안 돼요?

예은 엄마   개인은 못 해요, 그거는. 박주민 변호사가 과연 그 구조 안에 들어가서 할 수 있는 게 얼마나 될까. 저희가 국회에 들어가서 그걸 봤기 때문에. 참, 정말… 또라이처럼 끝까지 싸우기 전에는, 그 공고한 국회 구조 안에서는 정말 어렵겠구나. 그래서 이 사람이 초심을 정말 1프로라도 붙들고 있게 도와주는 역할을 할 수 있는 건 시민밖에 없겠구나. 정말 옳은 길로 갔을 때 칭찬해 주고, 아닐 때 정말 무섭게 혼내주고. 그 관심의 끈을 놓지 않는 시민이 있어야지만 이게 가능한 거지, 박주민 변호사 혼자서는 정말 할 수 없어요.

면담자   '사회적참사특별법'에서부터 시작해서 박 의원이 실제로 다른 의원과는 비교할 수 없을 정도로, 초선임에도 불구하고 역할을 했는데….

예은 엄마   그렇죠. 열일했죠, 열일했죠. 그건 인정해요. 인정하지만 거기에 답이 있다고는 저는 생각 안 해요.

9
2016년도 촛불혁명 과정에 대하여

면담자   2016년에는 어쨌든, 특조위가 진행되는 상황을 보고 유가족들은 많은 분노와 실망을 느끼셨을 거구요. 그리고 2016년 말을 맞이하게 되거든요. 어떠셨어요? 그 상황을 보시면서.

예은 엄마   저희 가족들은 매번 느끼는 거지만 연말이 제일 무서워요. 새해가 시작될 때는 "여보, 올해는 뭘 어떻게든지 해보고 가야겠다"라는 마음으로 시작을 하는데, 빈손으로 아이들 앞에 서는 거라… 기대가 컸던 것만큼 너무 허무했죠, 솔직히, 2016년. 가열 차게 싸운 것도 아니고, 15년처럼. 너무 허무했죠, 그때, 그래서 처음에….

면담자   박근혜가 한 건 해주잖아요?

예은 엄마   (웃음) 그 말미에 터진 거죠. 그런데 그때도 탄핵까지 갈지 안 갈지에 대한 걱정은 있었죠.

면담자 　　JTBC에서 나중에 한 해석이기는 합니다만, 결국은 촛불을 보면서 시민들 가슴속에 세월호가 남아 있었고, 그다음에 "촛불 현장에 유가족들이 최선봉에 서서 결국은 박근혜 탄핵이라는 걸 만들어낸 건 아닌가" 이런 뉴스브리핑이 있었어요.

예은 엄마 　　그거는 맞아요. 저희가 특조위의 결과물을 보면서 '아, 이거 정권이 바뀌기 전에는 어렵구나'라는 걸 알았죠. 참사 초기에 '박근혜 퇴진하라'라는 그런 피켓이 있었는데 가족들이 그걸 못 들게 했어요. '박근혜는 책임져라'로 바꾸라고 그랬거든요. 그런데 제가 그때 행진해서 시청 한번 모일 때, 명동 향린교회에서 제가 발언을 하고, 명동 향린교회에 모여 있는 사람들을 이끌고 시청으로 행진하는 그런 집회가 있었거든요. 그런데 계속 "박근혜 퇴진하라"고 그래서 제가 말렸거든요.

그리고 그때 광화문에서 발언할 때, 초기에 발언할 때도 '세월호 참사'…까지는 되는데 '세월호 학살'이라는 말은 제가 하지 말아 달라고 했어요. 왜냐면 우리들이 더 불쌍해진다고. 수많은 오류들이 겹쳐서 죽은 거하고, 누가 정말 죽이려고 해서 죽임을 당한 거하고는 차원이 다르잖아요. 그래서 그런 말을 했었는데, 가족들도 거의 비슷한 마음이었을 거예요. 그래서 '박근혜 퇴진'이라든지 '학살'이라든지 그런 말들에 대해서 거부감이 있었던 거죠. 아이들이 더 비참해지는 것 같아서.

그런데 특별법이 만들어지고 특조위가 진행되면서 온갖 공격을 받아갖고 결국 빈손으로 끝나는 걸 보면서, '이야, 이 정도까지 뜯어말릴 정도면, 뒤에 뭐가 있구나. 이 정도까지 뜯어말리는 저런 사람은 도저히 더 이상 두면 안 되겠구나'라는 그런 절박함이, 2016년도 특조위 진행되면서 계속 가족들이 점점 커진 거예요. 마음은 커지는데 겉으로는 계속 절망한 상태죠. 그 정점에, 박근혜 퇴진 운동이 그때 터진 거죠.

　　그래서 가족들이 그 전 같으면 그렇게 전면에 서서 박근혜 퇴진을 못 외쳤을 거예요. 그런데 인양 문제도 그렇고, 그다음에 특조위를 방해하는 걸 보면서, 가족들이 좌절하고 그만큼 더 결기를 다진 결과가, 탄핵집회에 가족들이 그렇게 적극적으로 정말 거의 100명 가까이 참석을 했으니까요. 못해도 많을 때는 한 100명, 적을 때는 한 5, 60명까지는 매 주마다 나갔으니까. 그 힘이 모여서 그렇게 된 거였죠.

면담자　　　　그 이전 시기에, 광화문, 안국역해서 로프로 몸을 묶기도 하고, 캡사이신 직격탄을 맞고. 엄청난 단련의 과정을 거치셨어요. '아, 이거를 바꾸지 않으면 특조위건 뭐건 간에 아무것도 안 된다', 이거는 확실하게 인식들을 하셨고, 또 여러 가지 활동이나 집회, 시위 등의 경험을 통해서 유가족들이 엄청 성장을 하신 것은 확실한데. 촛불 초기에, 다른 한편으로는 끊임없이 좌절과 실패의 경험을 하신 분들이 어떤 생각을 했을까가 궁금해요. 예은 엄마는 어떠셨어요?

예은 엄마   초기에? 아니면 2016년?

면담자   16년도 말, 그러니까 촛불집회 시작되는 시점에.

예은 엄마   저는 그때 탄핵집회 전에 청계광장집회부터 갔거든요. 그런데 '뭔가가 되겠구나'라는 느낌은 있었어요. 그런데 100프로는 아니지만, 그 사람들의 열기에 저희는, 저희만 마음속으로 끌탕을 하면서 2016년을 보내왔다고 생각을 했는데, 거기 모인 사람들한테서 그런 걸 느꼈어요. 그리고 '여전히 화인처럼 이 사람들한테는 세월호가 남아 있구나'라는 생각을 했어요. 그리고 가족들이 지금까지 확률을 보고 움직인 적은 별로 없어요, 솔직히. 아이들을 위해 할 수 있는… 뭔가 기회만 생기면, 그게 어려운 길인지도 알면서도 그냥 나가는 거예요, 가족들은. 별 계산 없이 저희들은 나갔죠, 2016년에도. '특조위가 이렇게까지 엉망진창이 됐는데 그 원인 제공자를 제거하는 일이니 이건 반드시 해야 된다' 그런 마음으로 나간 거죠.

10
세월호의 직립에 대한 생각

면담자   박근혜 탄핵되고 이런 와중에 배를 쑥 들어 올려요. 그리고 목포 신항에 거치를 한 다음, 또 한참 있다가 배를 직립하잖아요. 엄청 천천히 배가 서는데, 그 광경을 다 보셨을 거란 말이에요. 어디서, 목포에서 보셨습니까? 어떠셨어요? 제가 어려운, 슬픈 질문을 해서 죄송합니다.

예은 엄마　　　(한숨)(침묵) 저희 아이들은… 각자 서로 다른 추모공간이 있지만, 거기에만 있지 않고 한곳에 모여 있는 데가 있잖아요, 광화문 분향소라든지, 팽목항 분향소. 그리고 또 한 곳이 바로 세월호인 거죠…. 그래서 부모들이 제일 보기 힘든 게, 사실은 세월호거든요. 그런데 세월호[가] 넘어져서 애들이 못 나온 거잖아요. 그러니까, 세월호를 세운다는 거는, 어떻게 보면 다시 원점에서 돌아간다는 그런 느낌이 있어요….

　　부모들에게는 잊혀지지 않는 2014년의 여러 가지 잔상 중에 하나가, 거의 90도 가까이 쓰러져 있는 세월호, 그리고 2014년 4월 15일 배를 타기 위해서 세월호 앞에 줄 서서 캐리어를 끌고 들어가는 모습이, 저희 가족들한테 가장 많이 남아 있거든요. 직립했을 때 저는 개인적으로 그때가 생각이 났어요, 15일 아이들이 그 배를 탄 순간이. '저 배를 들어 올린 것처럼 그때로 다시 돌아갈 수 있으면 얼마나 좋을까' 그런 생각하고… 그리고 누워 있었기 때문에, 저희가 보지 못한 다른 쪽 면이 있어서, 이제 온전히 세월호를 다 관찰할 수 있고 조사할 수 있다면 '이제 조사를 위한 시작이 제대로 되겠구나', 뭔가 정말 누워 있는 거 자체가 불편하잖아요, 사람들도. 그래서 '모든 게 다시 새롭게 시작이 된다'라는 그런 마음이 들었죠.

면담자　　　고맙습니다, 어려운 질문을 제가 드렸는데. 세월호는 세웠는데 세운 상태에서는 선체조사위 조사 활동이 끝나버리는 이런 아이러니가 있었죠. 이런 상황 전체에 대해서 어떤 느낌이셨는지 얘기를 좀 부탁드립니다.

예은 엄마　　　왜 만들었나, 선체조사위는 도대체(허탈한 웃음). 뭘 한 거지? '너무 시간을 질질 끌고 결국은 아무것도 하지 않았구나'라는 생각이 들었죠. 그리고 뭔가 가족들은, 세상 사람들이, 그 전에도 여러 가지 이야기들이 있었잖아요. 외인설부터 시작해 가지고, 핵폐기물이 있었다는 이야기부터 시작해서, 또 철근 이야기, 그리고 발견하지 못한 사람들이, 그 안에 유골이 더 남아 있을 거다, 그런 것들에 대한 일말의 해소가 있기를 원했는데 아무것도 이루어지지 않아서. 의혹으로 시작해서 의혹으로 끝나 버렸다는 게 되게 허망하긴 했죠.

　　그래도 그저 그냥 '배가 올라왔다는 것' 그리고 그나마 2기 특조위는 아니지만 '사회적 참사로 이게 연결이 되겠구나'라는 것에 대해 그걸로 위안을 삼았지만, 전문가, 지식인들에 대한 믿음이 없어졌죠. 저 사람들은 도대체, 저기에서 어떤 절박한 마음으로 일을 하기보다는, 개인적인 감정 문제 때문에 서로 싸우기도 하고, 그런 민낯들을 봐야 했으니까 너무 실망이 컸죠. 선체조사위는, 1기 특조위에 대한 실망감이 100이라면, 선체조사위에 대한 실망감은 10000? 그 정도 됐던 거 같아요. 너무 무능했던 거 같아요.

면담자   배를 보고 진상 규명과 관련된 새로운 사실들이나 이런 것들을 당연히 기대를 했었고, (예은 엄마 : 예, 엄청 많이 나올 줄 알았죠) 그게 출발점이 되어야 사참특위가 됐건 무엇이 됐건 원인 규명에 가까이 갈 수 있는데. (예은 엄마 : 결과물이 너무 없어서) 그래도 어쨌든 보고서를 냈으니까.

예은 엄마   보고서야 뭐, 교수님도 써보셔서 알겠지만(웃음) 저도 매번 사업할 때마다 보고서 내거든요? 보고서는 어떻게 보면 포장이에요, 진행 과정이 중요한 거거든요.

11
4·16생명안전공원을 둘러싼 이야기

면담자   성빈 엄마가 정말 애쓰시고 그 복잡한 과정을 거쳐서 지금… 생명안전공원에 대한 얘기가 어쨌든 진척이 되고 있지 않습니까? 그것과 관련해서 예은 엄마께서는 현재 새 정부에 대한 생각이 어떠신지 말씀을 해주시면 좋겠습니다.

예은 엄마   물론 정부가, 저희들 가족 입장에서는 좀 더 국민들을 설득을 하고, 시민들을 설득을 하고 해서 밀고 가면 좋죠. 그런데 이제는 위에서 결정해서 가는 구조가 아니잖아요. 아래에서부터 이거를 만들어서 가야 되는 구조라, 저는 정부보다는 안산시 또는 시장, 안산시의원들의 역할이 더 크다고 보거든요. 그런데 그분들이 제가 봤을 때 정치인이라기보다는 다들 정치꾼이어서. 예전에 생각했던 정치인들의 이미지는, 자기의 이념이나 이상, 가치 그런 게 있다고 생각을 했는데, 저희가 국회에 가서 노숙하면서 느낀 거는 '이 사람들에게 정치는 그저 밥그릇이구나'라는 생각을 너무 많이 받았거든요, 저희 가족들은.

그래서⋯ 가끔 가족들이 '청와대를 가서 따져야 되는 거 아니냐'라고 이렇게 얘기하는데, 정부가 할 수 있는 판은 다 깔아줬어요, 제가 봤을 때는. 이거는 '안산시장이나 안산 시민단체나, 그리고 안산에 있는 의원들이 움직여야 될 때가 아닌가' 이만큼까지 판을 깔아줬으면. 청와대에서도 계속 요구하는 게 그거고. 그리고 솔직히 가족들도, 아까 기부 이야기했지만, 했어야 했어요. 초기에, 저희가 특별법 제정 문제라든지 정부하고 싸우는 일로, 안산 시민들에게 서운했던 건 솔직히 사실이에요. 그리고 그 사이에서 고래 싸움에 등 터지듯이 힘들었던 시민단체가 있었던 것도 사실이고. 초기에 그걸 저희가 좀 더 빨리 인지를 해서, 지역하고⋯, 고맙다는 말은 시기가 있거든요. 그때 바로 했어야 되는데, 그런 시기를 놓쳤던 거에 대한 아쉬움은 있죠.

지금 해야 될 것은 정부보다는, 안산시나 안산시 지역의원들이 할 역할이 더 큰 거 같아요. 지금 시장이 개판을 치고 있어가지고. 하고는 있는데. 왜 저런 가치를 가지고는 설득을 할 수가 없나요?

면담자   안산 시민운동계가 '이제 그동안 우리가 조금 못 했던 거를 해야 될 시점이 온 건 아닌가' 이렇게 보지 않을까, 그렇게 기대를 합니다만.

예은 엄마　　　좀 더 적극적으로 홍보를 해주고 했으면 좋겠는데 아무것도 안 하고 있거든요, 2년 동안.

면담자　　　결국 안전공원 건도, 마치 유가족들도 하나의 이해 당사자이고, 그다음에 초지동에서 경제적 이익을 보려고 하는 자들도 또 하나의 이해 당사자라서, 그 두 이해 당사자가 밀고 당기기를 하는 것 같은, 우리가 세월호 참사 이후에 정말 나쁜 사람들이 즐겨 만들었던 프레임을, 이 대목에서도 보고 있잖아요? 그래서 예은 엄마가 오히려 "시민운동이나 안산시의 문제이고, 이런 문제는 아래에서부터 풀어야 된다"라고 이야기한 것에 동의를 함에도 불구하고, 그렇게 생각했을 때 '우리가 어떤 국면에 내던져질까'에 대한 그런 두려움이 있어요. 생명안전공원을 우리가 달성하리라고는 보는데, 여태까지의 과정보다는 조금 덜 아프게 달성을 했으면 하는 바람이 있어서, 동의는 하면서도 '대통령이나 청와대가 조금 더 직접적으로 움직이는 게 한국 사회의 현실에 맞지 않나' 이런 생각도 듭니다만….

예은 엄마　　　아니요. 저는 언론이나 지식인은 원망을 하지만, 지식이나 좀 인지도 있는 사람들이 이런 일의 가치나 향후 대한민국이 어떻게 가기 위해서, 이렇게 아픔을 기억하는 것이 얼마나 중요한지에 대한, 그런 공론화가 많이 일어날 줄 알았는데…. 그런 부분에 대한 시도들이 없으니까, 그게 너무 안타까워요. 여론에서도 좀 몰아줬으면 좋겠는데….

12
기억공동체에 대한 전망

면담자　아까 목요기도회가 계기가 돼서 공방이라든지, 이런 얘기를 좀 드렸는데, 그리고 작은도서관 운동이라는 건 사실은 마을공동체 운동의 가장 핵심 중 하나이기도 하고, 그래서 그런 걸 오랫동안 해오셔서 유가족공동체 운동이랄까, 기억공동체랄까, 그런 것에 대한 전망을 마지막으로 듣고 싶어요.

예은 엄마　글쎄요, 제가 대기실을 잘 나가지 못해서, 요즘은. 처음에는 전국의 그런 공동체들에서 저희를 많이 초청을 해주셨거든요, 마을공동체에서. 그런 사람들을 보면서 '유가족들이 저런 공동체를 일궈서 모여 있으면 좋겠다'라는 생각을 했죠. 그런데 시간이 지나면서 그게 참 '쉽지가 않구나… 쉽지가 않구나', 그래서 어디서부터 이거를 어떻게 해야 할지, 저는 솔직히 답이 없어요. 일단 엄마공방을 중심으로 해서 모임이 이어지고 있고, 또 한 축으로는 연극팀이 있고, 또 한 축으로는 합창단이 있고, 또 한 축으로는 지금도 계속 안전공원에서 예배가 계속 있거든요, 한 달에 한 번씩. 목공방은 또 목공방대로 돌아가고. 이거를 잘 엮어서 하나로 가게 하는 중심이 있어야 되는데, 이게 가족협의회잖아요. 그래서 그 가족협의회에 이거를 엮어줄 만한 인물이 나오기 전에는, 이게 가시화돼서 그런 '공동체를 만드는 게 쉽지는 않겠구나' 그런 생각만 가지고 있어요.

하지만 저희 문제가 해결이 되든 해결이 되지 않든, 아마 모여는 있을 거예요. 모여는 있는데 '그냥 단순히 모여만 있는 게 아니라 이전과 다른, 지금보다는 더 밀착되고, 지금보다는 좀 더 수준 있는 공동체로 가기 위해서, 가족협의회 내에 어떤 기점이 필요하지 않을까' 그런 생각만 있어요. 공간이 생겨야 돼요, 그런데 공간이 없잖아요. 근데 가족협의회, 솔직히 저 대기실은 임시장소이고 불안정하기 때문에, 처음에 그래서 막 '땅을 살까' 언니들이랑 그런 얘기도 했어요. '그렇게 해서 모여서 살면서, 그 안에서 공동센터 같은 걸 주고 하자' 했는데 그것도 같이 조율해서 맞추는 게 쉽지가 않더라구요.

면담자   세 달 조금 더 있으면 이제 5주기이지 않습니까? 그런데도 아직도 아이들한테 해준 게 없는데, 번듯한 건물에 도서관, 카페, 레스토랑, 연습실이나 작은 공연장 같은 것들을 만드는 것이 '아이들을 생각하면 미안하다'라는 이런 의견이 있어요.

예은 엄마   그러니까 '추모공원을 조성하고 그거를 하자'라는 이야기들이 있었어요. 그런데 이게 너무 계속 지금 늦어지고 있는 거예요, 추모공원이. 그래서 그때까지 가족들이 모이는 동력이, 지금도 많이 떨어진 상태인데, '그때까지 얼마큼 남아 있을까' 그런 염려가 있는 거죠. 그래서 전에는 '그게 다 된 다음에 돼야 되는 거 아니야?'라고 저도 생각을 했는데 '이게 너무 늦어지니까 그 전에라도 그런 공간을 만들어야 되지 않을까?' 그런 생각이 있죠. 공간이 주는 힘이라는 게 있거든요. 도서관도, 마을마다 도서관이라는 공간을 만든 이유는, 그 공간을 매개로 해서 사람들이 계속 엮어지는 거거든요. 그리고 어떤 일에 대한 지속성이 생길 수 있고, 또 중요한 건 우리끼리 만나기도 필요하지만, 우리를 만나기 위해서 찾아오는 사람들에게도 안정적인 만남의 장소가 될 수 있는 곳이기 때문에, 그런 공간이 필요하죠. 그래서 저는 빨리 있었으면 좋겠어요, 그런 공간이.

13
세월호 참사를 함께 겪어내고 있는 가족들에게서 배우는 것

면담자　　　이제 종료하려고 합니다만, 혹시 또 이 얘기는 했으면 하는 게 남아 있어요?

예은 엄마　　　아니요, 없어요. 딱 한 가지 얘기하면, 저는 저희 가족들이 너무 다 존경스러워요, 늘. 물론 인간적으로 서로 부족한 면들을 많이 봐오긴 했지만 그래도 결정적인 순간에 결집하는 게 지금도 있어요. 결집하는 게…. 그래서 늘 고맙고, 한 사람을 평가하는 데 학력은 별로 상관이 없다는 걸 정말 느꼈어요. 학력, 종교 이런 건 별로 상관이 없더라구요, 정말로. 왜 이 나라가 이렇게 학벌사회가 됐는지(웃음). 정말 쓰잘데기 없다는 생각이 들었어요, 보면서. 정말 못 배운 분들 입에서 터져 나오는 그 말들이 하나같이 녹음하고 싶은 말들이었어요, 매번 느끼지만. 저는 늘 책에서 배우는 거라고 생각을 했는데 '책을 넘어서 삶에서 배우는 지식이라는 게, 지식, 지혜, 직관 이런 것들이 참 무시할 수 없구나'라는 걸 많이 느꼈어요.

면담자   마무리 말씀 감사합니다. 이 추운 날 이렇게 길게 말씀 주셔서 감사드립니다. 마치겠습니다.

4·16구술증언록 단원고 2학년 3반 제10권

그날을 말하다 예은 엄마 박은희

ⓒ 4·16기억저장소, 2019

기획 편집 4·16기억저장소 ∣ **지원 협조** (사)4·16세월호참사가족협의회
펴낸이 김종수 ∣ **펴낸곳** 한울엠플러스(주)
초판 1쇄 인쇄 2019년 4월 1일 ∣ **초판 1쇄 발행** 2019년 4월 16일
주소 10881 경기도 파주시 광인사길 153 한울시소빌딩 3층
전화 031-955-0655 ∣ **팩스** 031-955-0656 ∣ **홈페이지** www.hanulmplus.kr
등록번호 제406-2015-000143호

Printed in Korea.
ISBN 978-89-460-6722-6 04300
       978-89-460-6700-4 (세트)
* 책값은 겉표지에 표시되어 있습니다.